अनिश्चित दौर में

अपेक्षित परिणाम

अनिश्चित दौर में अपेक्षित परिणाम

हर परिस्थिति में जीत कैसे हासिल करें

स्टीफ़न आर. कवी,
बॉब विटमैन
ब्रैक इंग्लैंड के साथ

अनुवाद : डॉ. सुधीर दीक्षित

MANJUL
मंजुल पब्लिशिंग हाउस

First published in India by

MANJUL

Manjul Publishing House Pvt. Ltd.
Corporate Office:
2nd Floor, Usha Preet Complex,
42 Malviya Nagar, Bhopal 462 003 - India
Email: manjul@manjulindia.com Website: www.manjulindia.com
Sales & Marketing Office:
7/32, Ground Floor, Ansari Road, Daryaganj, New Delhi 110 002 - India
Email: sales@manjulindia.com

Hindi translation of *Predictable Results in Unpredictable Times*
by *Stephen R.Covey* and *Bob Whitman* with *Breck England*

FranklinCovey India and SouthAsia
JIL Tower A, Institutional Area,
Ground Floor, Plot No. 78, Sector-18,
Gurgaon, Haryana - 122 001 India Tel: +91 124 4782222
Mumbai: +91 22 42754444, Bangalore: +91 80 41678888
Website: www.franklincoveysouthasia.com

This edition first published in 2013

ISBN 978-81-8322-385-0

Translation by Dr. Sudhir Dixit

Printed & bound in India by Thomson Press (India) Ltd.

विषय-सूची

अनिश्चित दौर में अपेक्षित परिणाम........................ 7

अनिश्चित दौर के चार ख़तरे........................ 9

प्राथमिकताओं पर उत्कृष्टता से अमल करें............ 15

क्या हर व्यक्ति जानता है कि क्या करना है?.. 17

क्या आप "बीच वालों का" सही प्रबंधन कर रहे हैं?................................ 36

विश्वास की गति से चलें.. 49

विश्वास का संकट.. 52

विश्वास के टैक्स और विश्वास के डिविडेंड्स.. 54

आप विश्वास के टैक्स चुका रहे हैं या विश्वास के डिविडेंड कमा रहे हैं?................ 56

दो टीमों की कहानी.. 57

विश्वास को दोबारा बनाना............................ 59

विश्वास उत्पन्न करने वाले तीन व्यवहार...... 61

केस स्टडी : संकट काल में विश्वास को दोबारा लौटाना.......................... 63

विश्वसनीय चरित्र.. 67

विश्वास उत्पन्न करने का एक सुविचारित अभियान............................ 70

कम के साथ अधिक हासिल करें............................ 77

ग्राहकों और कर्मचारियों की
निष्ठा हासिल करना.. 79

“रिसेट” बटन दबाना : संगठन को
ग्राहक मूल्य के साथ तालमेल में लाना........ 87

डर कम करें.. 97

मनोवैज्ञानिक मंदी की आपको
क्या लागत आती है?....................................... 98

क्या आपका संगठन डर से
बुरी तरह विचलित है? क्या कर्मचारी
अनिश्चितता के कारण पंगु हैं?..................... 99

क्या आपने पता लगा लिया है
कि इस चिंता को उत्पादक ऊर्जा
में कैसे बदलना है?....................................... 103

डर की जड़... 103

उपसंहार.. 117

Notes.. 125

फ्रैंकलिनकवी के बारे में.. 133

लेखकों के बारे में.. 135

अनिश्चित दौर में अपेक्षित परिणाम

आप असंभावित के प्रति तभी असुरक्षित होते हैं, जब आप इसे ख़ुद को नियंत्रित करने देते हैं। आप जो करते हैं, उस पर हमेशा आपका नियंत्रण होता है।

– नसीम निकोलस तालेब

हर साल गर्मी में साइकिल चालकों की एक रंग-बिरंगी भीड़ एक रेस में हिस्सा लेती है, जिसे इंसान की सहनशक्ति का शायद सबसे बड़ा इम्तहान कहा जा सकता है - टुअर द फ्रांस। धूप भरे समतल मैदान में वे प्लाटून में झुंड बनाकर चलते हैं। कुछ आगे निकलने का प्रयास करते हैं, तो कुछ कई इंच आगे चल रहे साइकिल चालक द्वारा काटी गई हवा की पृष्ठभूमि में कम प्रयास करना पसंद करते हैं। लेकिन वे अधिकतर एक साथ चलते हैं। जब यात्रा तुलनात्मक रूप से आसान होती है, तो प्लाटून निश्चित और संभावित गति से आगे बढ़ती रहती है।

लेकिन फिर पहाड़ों की कठोर परीक्षा आती है। अनिश्चित मौसम वार करता है। हालाँकि यह सच नहीं लगता है, लेकिन जुलाई में भी आल्प्स पर्वत श्रंखला पर ठंड से जमा देने वाली बारिश और बर्फ़ मिल सकती है। इसके विपरीत, फ़्रांस के दक्षिण में रेगिस्तानी मॉन्ट वॉन्टू में लू इन साइकिल चालकों का इंतज़ार कर रही होती है। जब साइकिल चालक हज़ारों मीटर ऊपर चढ़ते हैं, तो प्लाटून

बिखर जाती है। चालक थक जाते हैं और बिखर जाते हैं। कठोर माहौल में टीमें पीछे रह जाती हैं।

इन अत्यधिक कठोर परिस्थितियों में ही महान टीमें सबसे आगे निकलती हैं।

जब चढ़ाई खड़ी होगी और मौसम में अत्यधिक बदलाव होंगे, तो कई मौक़ों पर आपकी टीम, आपकी कंपनी या आपके संगठन को बेहद कठोर स्थितियों का सामना करना पड़ेगा। कोई भी अगली पहाड़ी के पार नहीं देख सकता। कायापलट होने पर भी किसी आसान यात्रा की संभावना नहीं होती है - हम एक ऐसे संसार में पहुँच चुके हैं, जहाँ आज हमारे सामने जितने बड़े जोखिम हैं, उनकी तुलना में अतीत के नपे-तुले जोखिम छोटे नज़र आते हैं। भावी संकट हमारे द्वारा झेले जा रहे इन वर्तमान संकटों से अधिक गंभीर हो सकते हैं। आज लगभग हर व्यक्ति इस बात से सहमत है कि इस वक़्त के बाद हमारी यात्रा "पहाड़ों पर" हो सकती है।

यह रेस दरअसल एक टीम प्रयास है और हारने वाली टीमों में विजेताओं के अनुशान का अभाव होता है।

तभी महान लीडर उभरकर सामने आएँगे।

महान लीडर अलग तरह के होते हैं। वे उन सिद्धांतों पर अपना लंगर डालते हैं, जो निश्चित और ठोस होते हैं - अनिश्चित और परिवर्तनशील परिवेश में भी। वे जानते हैं कि संसार अनिश्चित है। फिर भी वे निश्चित परिणाम हासिल कर लेते हैं।

वे ऐसा कैसे करते हैं?

इस सवाल पर सोचने से पहले आइए उन कारणों पर विचार करें कि पहाड़ों में पहुँचने पर इतने सारे प्रतिस्पर्धी डगमगा क्यों जाते हैं और पीछे क्यों रह जाते हैं। ऐसा आम तौर पर शक्ति या योग्यता की कमी के कारण नहीं होता - टुअर द फ्रांस की प्रतिस्पर्धा

में हिस्सा लेने वाले अधिकतर लोगों की शारीरिक स्थिति बेहतरीन होती है, वरना वे वहाँ तक पहुँच ही नहीं सकते थे।

यह रेस दरअसल एक टीम प्रयास है और हारने वाली टीमों में विजेताओं के अनुशासन अभाव होता है।[1] विजेता टीम के सदस्यों को एक दूसरे पर पूरा भरोसा होना चाहिए कि वे अपना काम सटीकता से करेंगे। उन्हें लगातार एकाग्र रहना होता है। उन्हें सक्रियता से रणनीति को आगे बढ़ाने के हर अवसर का लाभ लेना होता है। वरना छोटी-छोटी ग़लतियों का अंजाम घातक हो सकता है।

पूरे संसार की हज़ारों निजी और सार्वजनिक कंपनियों के साथ काम करने के लंबे अनुभव ने हमें सिखाया है कि अनुशासन का यही अभाव "पहाड़ों पर" सारा फ़र्क़ डालता है। फ्रैंकलिनकवी में हमने 1,100 संगठनों के 17,000 वर्क यूनिट्स में 3 लाख से अधिक कर्मचारियों के टीम अनुशासनों का अध्ययन किया है। हमने इनमें से 5,000 यूनिट्स के अधिकतर कर्मचारियों से बातचीत की है। हमने बड़ी संख्या में बातचीत के परिणामों की "तुलना" संगठनों के वित्तीय, कार्यकारी और ग्राहक-निष्ठा आँकड़ों से की। इस सम्मिलित शोध की वजह से हम उन घटकों को समझ पाए, जो सचमुच शीर्ष प्रदर्शकों को कमतर प्रदर्शकों से अलग करते हैं, लैन्स आर्मस्ट्राँग को पराजितों से अलग करते हैं।

अनिश्चित दौर के चार ख़तरे

टुअर द फ्रांस की साइकिल टीमों की तरह ही अनिश्चित दौर में यात्रा करने की कोशिश कर रही कंपनियों को भी चार प्रमुख ख़तरों का सामना करना पड़ता है :

- अमल में असफलता
- विश्वास का संकट
- एकाग्रता हटना
- व्यापक डर

अमल में असफलता। आपने संकट के बारे में अच्छी तरह सोच-विचार कर लिया है। आपने उससे निबटने के लिए एक रणनीति भी बना ली है। अब सवाल यह है, क्या आपकी टीमें उस पर अमल कर सकती हैं? क्या वे अमल करेंगी? आपकी कंपनी के कुछ कर्मचारी काम पूरे कर रहे हैं। कुछ कर्मचारी काम नहीं कर रहे हैं और शायद कभी नहीं करेंगे। इसके बाद बीच में मौजूद बहुसंख्यक कर्मचारी आते हैं – वे कितना अधिक योगदान दे सकते हैं, अगर वे यथासंभव उन लोगों जैसा प्रदर्शन कर सकें, जो उत्कृष्टता से अपने काम पूरे कर रहे हैं?

विश्वास का संकट। अनिश्चित दौर में विश्वास का स्तर नीचे गिर जाता है। विश्वास के संकट की वजह से शेयर बाज़ार लुढ़क जाते हैं। लोगों का अपनी कंपनी पर से विश्वास उठ जाता है। गड्ढों से भरी अनिश्चित सड़क पर हर कोई धीमी गति से चलने लगता है : इसे "मंदी" यूँ ही नहीं कहा जाता है।

एकाग्रता हटना। अब आपके पास पहले से कम संसाधन हैं, पहले से कम कर्मचारी हैं, लेकिन दुविधा पहले से अधिक है। कर्मचारी एक साथ दो-तीन काम करने की कोशिश करते हैं। दो काम करने की कोशिश करने वाले इंसान की एकाग्रता एक काम करने वाले इंसान की एकाग्रता से आधी होती है और यह आशंका भी रहती है कि वह दोनों में से किसी भी काम को सिर्फ़ आधी क्षमता से ही कर पाएगा।

व्यापक डर। आर्थिक मंदी से मनोवैज्ञानिक मंदी उत्पन्न होती है। लोगों को नौकरी छूटने, रिटायरमेंट की बचत गँवाने, यहाँ तक कि अपना घर खोने का डर भी सताने लगता है। समस्याओं का यह "ढेर" बढ़ता जाता है। और इसकी क़ीमत आपको भी चुकानी होती है। जब आपको इस बात की ज़रूरत होती है कि कर्मचारी काम पर एकाग्र रहें और कंपनी से जुड़ें, तभी वे एकाग्रता खो देते हैं और कंपनी से सबसे कम जुड़ाव महसूस करते हैं।

जैसा आप शायद समझते हैं, उथलपुथल के दौर में ये चारों ख़तरे एक साथ हावी होते हैं। वे एक दूसरे को सशक्त बनाते हैं। विश्वास का संकट डर जाग्रत करता है। डर और चिंता की वजह से एकाग्रता में कमी आती है। और एकाग्रता की कमी रणनीति पर अमल करने में बाधा डालती है। यह उलझन भरी बात है, क्योंकि ऐसे दौर में आपको रणनीति पर सटीकता से अमल करवाना ही होता है; इससे कम को आप बर्दाश्त नहीं कर सकते।

"पहाड़ों पर" सफल होने के लिए, महान साइकिल चालकों की तरह ही आपको भी इन ख़तरों के लिए तैयार रहना चाहिए। आप इन ख़तरों से बच कर उन्हें जीत सकते हैं, अगर आप :

- उत्कृष्टता के साथ प्राथमिकताओं पर अमल करें।
- विश्वास की गति से बढ़ें।
- कम के साथ अधिक हासिल करें।
- डर को कम करें।

उत्कृष्टता के साथ प्राथमिकताओं पर अमल करें। विजेता कंपनियों के पास "सरल लक्ष्य होते हैं, जिन्हें बार-बार दोहराया जाता है। साथ ही, उनके पास स्पष्ट टारगेट और सशक्त फ़ॉलो-थ्रू होता है, जिसमें परिणामों का मापन शामिल है।"[2] किसी भी महान टीम की तरह टीम के सभी सदस्य लक्ष्यों को जानते हैं और यह भी जानते हैं कि उन्हें प्राप्त करने के लिए उन्हें कौन सी भूमिका निभानी है। और इसके बाद वे उस पर सटीकता से अमल करते हैं।

विश्वास की गति से बढ़ें। विश्वास की कमी हर चीज़ को धीमा कर देती है और लागत को बढ़ा देती है। इसीलिए उथलपुथल के दौर में अर्थव्यवस्था, आपके ग्राहक और आपका कैशफ़्लो सब कुछ धीमा हो जाता है। लेकिन जब विश्वास का स्तर ऊपर उठता है, तो हर चीज़ की गति बढ़ जाती है और लागत कम हो जाती है। विजेता संगठन तीव्रता से काम करने में सक्षम होते हैं। "वे नए

आर्थिक परिवेश में होने वाले तीव्र परिवर्तनों से आगे बने रहने या कम से कम बराबर चलने की फ़ुर्ती रखते हैं।"[3]

कम के साथ अधिक हासिल करें। ज़ाहिर है, हर कोई कम के साथ अधिक करने की कोशिश कर रहा है, लेकिन असल सवाल है, "अधिक क्या?" क्या अधिक उस चीज़ को नहीं होना चाहिए, जिसे आपके प्रमुख स्टेकहोल्डर्स सचमुच महत्वपूर्ण मानते हैं और क्या उस चीज़ को कम नहीं होना चाहिए, जिसे वे नहीं चाहते हैं? विजेता कंपनियाँ पूरी तरह से मूल्य पर ध्यान केंद्रित करती हैं - वे सिर्फ़ कटौती नहीं कर रही हैं, वे तो सरल बना रही हैं, उन जटिलताओं को कम कर रही हैं, जिन्हें ग्राहक और कर्मचारी मूल्यवान नहीं मानते। हर कर्मचारी से दो-तीन काम करवाने के बजाय वे उस एक काम को करने पर ध्यान केंद्रित करती हैं, जिसे प्रमुख स्टेकहोल्डर्स सचमुच कराना चाहते हैं।

डर को कम करें। मनोवैज्ञानिक मंदी की जड़ यह अहसास है कि लोगों का उनके साथ होने वाली घटनाओं पर कोई नियंत्रण नहीं होता। विजेता संगठन इस निराशा से बाहर निकलने में अपने कर्मचारियों की मदद करते हैं। वे उनका ध्यान उस पर केंद्रित कराते हैं, जिसे वे प्रभावित कर सकते हैं। अधिकांश डर अस्पष्ट दिशा और कमज़ोर उद्देश्य की वजह से उत्पन्न होता है। अगर कोई ऐसा मिशन, ऐसी रणनीति हो, जिस पर वे यक़ीन कर सकें, तो वे अपनी तनाव ऊर्जा को परिणामों की दिशा में मोड़ देते हैं।

अगर जीवन के बारे में कोई चीज़ निश्चित है, तो वह है अनिश्चितता। महान साइकिल चालकों की तरह ही महान टीमें भी निरंतरता से उत्कृष्ट प्रदर्शन करती हैं, चाहे परिस्थितियाँ कैसी भी हों। यह छोटी पुस्तक अच्छे और बुरे दौर में निश्चित परिणाम हासिल करने के बारे में है - चाहे आप इस पर यक़ीन करते हों या नहीं कि "यह समय अलग है।" कारण? आप इन चार सिद्धांतों

पर भरोसा कर सकते हैं। वे कभी नहीं बदलते हैं। और वे कभी आपको नीचा नहीं दिखाएँगे।

इस पुस्तक में इन चार अनिवार्य सिद्धांतों में से प्रत्येक पर एक अध्याय है। साथ ही इन पर अमल करने की योजना भी बताई गई है।

इस पुस्तक से सीखने का एक बेहतरीन तरीक़ा यह है कि आप इसके सिद्धांत किसी दूसरे को सिखाएँ। यह मानी हुई बात है कि शिक्षक विद्यार्थी से कहीं अधिक सीखता है। इसलिए हर अध्याय के अंत में आपसे अपेक्षा की जाती है कि आप किसी व्यक्ति - सहकर्मी, मित्र, परिवार के सदस्य - को खोजें और उस अध्याय में सीखी ज्ञानवर्धक बातें उसे सिखाएँ। इसके लिए आप दी गई "सीखने के लिए सिखाएँ" मार्गदर्शिका पर अमल कर सकते हैं या चाहें, तो अपनी अलग मार्गदर्शिका बना सकते हैं।

- 1 -

प्राथमिकताओं पर उत्कृष्टता से अमल करें

समतल जगहों पर जीतना एक बात है – पहाड़ों पर जीतना बिलकुल ही अलग बात है।

– बॉब विटमैन

मुश्किल दौर में विजेता का प्रदर्शन सटीक अमल पर निर्भर करता है।

टुअर द फ़्रांस में पहाड़ सबसे मुश्किल चुनौती होते हैं। यही रेस का वह सबसे मुश्किल हिस्सा है, जहाँ बहुत कुछ का निर्णय हो जाता है। ज़रूरी नहीं है कि यहाँ लाभ शारीरिक दृष्टि से सबसे शक्तिशाली टीम को ही मिले। लाभ तो उस टीम को मिलता है, जो सबसे सटीकता से अमल करती है।

लैन्स आर्मस्ट्रॉंग की मशहूर यू.एस. पोस्टल सर्विस और डिस्कवरी चैनल टीमों के बारे में सोचें, जिन्होंने सात बार टुअर द फ़्रांस प्रतियोगिता जीती। पहाड़ों में टीम एक "कठोर, कार्यकुशल मशीन" बन जाती थी। हर दिन वे दुष्कर आल्प्स और पिरेनी में समूह के आगे लगातार गति बनाए रखते थे।

> **यही रेस का वह सबसे मुश्किल हिस्सा है, जहाँ बहुत कुछ का निर्णय हो जाता है।**

एक दर्शक के अनुसार :

> जॉर्ज हिनकैपी कभी चढ़ने में कमज़ोर थे, लेकिन अब हर अवस्था की मध्य – चढ़ाई के दौरान प्लाटून को शक्ति देते थे। फ्लॉइड लैंडिस अंतिम पर्वत के पैताने पर आगे पहुँच जाते थे और मैदान को चीरने वाली गति तय करते थे। फिर लैंडिस इसे जोज़ एज़वेडो को थमा देते थे, जिनकी चढ़ने की गति इतनी खूँखार थी कि संसार के कुछ शीर्ष सवार ही उनकी बराबरी कर सकते थे। जब तक आर्मस्ट्रॉँग सामने आकर चढ़ाई करते थे, तो मात्र मुट्ठी भर प्रतिद्वंद्वी ही बचे रहते थे, जिन्हें हराने पर वे ध्यान केंद्रित कर सकते थे।

ज़ाहिर है, टीम का हर सदस्य अपनी भूमिका जानता था और उसे सटीकता से निभाता था।

इसके विपरीत, जैन उलरिक की टीम लैन्स आर्मस्ट्रॉँग की टीम के बाद "हमेशा दूसरे नंबर पर" आती थी। उलरिक ज़बर्दस्त साइकल चालक थे, लेकिन वे पहाड़ी चढ़ाई में ऊर्जा गँवा देते थे। उनकी टीम का व्यवहार अनिश्चित रहता था; एक पर्वत श्रृँखला में तो उनकी टीम के एक साथी ने ही अनजाने में उन्हें हरवा दिया।

आर्मस्ट्रॉँग की टुअर द फ्रांस टीमों की सात बार की विजयी उपलब्धि की बराबरी संभवतः कभी नहीं हो पाएगी। एक टिप्पणीकार ने उनके बारे में कहा था, "सार्वकालिक महानतम खेल टीमों में से एक, जो इस बात का उदाहरण है कि बुद्धिमत्तापूर्ण योजना और दोषरहित अमल वाला संगठन कितना कुछ हासिल कर सकता है।"[4]

क्या आपके और आपकी टीम के बारे में यही कहा जाएगा?

संभवतः, लेकिन तभी अगर आप वही करते हों, जो महान टीमें करती हैं : यह सुनिश्चित करें कि हर व्यक्ति लक्ष्यों को दिल

से स्वीकार कर ले, यह जान ले कि लक्ष्य में योगदान कैसे देना है।

क्या हर व्यक्ति जानता है कि क्या करना है?

पहाड़ रेस का अनिश्चित हिस्सा होते हैं। वर्तमान परिवेश भी मौसम की तरह बदल रहा है। हो सकता है कि आपके उद्योग का परिदृश्य इतना बदल चुका हो कि पहचान में ही न आ रहा हो। हो सकता है कि आपके संसाधन अंतिम सीमा तक प्रयुक्त हो चुके हों। ऐसे में आप क्या करेंगे?

आप सोच रहे हैं, "हमारे पास एक योजना है। हर कोई जानता है कि क्या करना है।"

लेकिन आपको ख़ुद से पूछना चाहिए, "क्या सचमुच? क्या हर व्यक्ति लक्ष्य को समझता है और उसे दिल से स्वीकार करता है? क्या टीम का हर सदस्य अपनी भूमिका जानता है? क्या वे सभी सटीकता से अमल कर रहे हैं?"

इन सवालों के जवाब पर बहुत कुछ निर्भर करता है।

पहाड़ों का एक लाभ यह है कि यहाँ लक्ष्य अधिक आसान हो जाता है। समतल जगहों पर हर कोई आगे निकलने के लिए धक्का-मुक्की कर सकता है, इसलिए वहाँ आगे निकलने की रणनीतियाँ काफ़ी जटिल हो सकती हैं। ऊपर की चढ़ाई में लक्ष्य सीधा होता है : जीवित और आगे बने रहना। लेकिन उस लक्ष्य की प्राप्ति इस बात पर निर्भर करती है कि टीम का हर सदस्य सटीकता से जानता हो कि उसे क्या करना है।

मिसाल के तौर पर, मंदी में हर कंपनी का लक्ष्य एक ही होता है : नक़दी को सुरक्षित रखना। यहाँ तक कि मुनाफ़ा भी दूसरे नंबर की प्राथमिकता बन जाता है। चाहे आप लाभकारी संगठन हों या

ग़ैर-लाभकारी, आपके पास नक़दी होनी ही चाहिए, वरना आपके दरवाज़े पर ताला लग जाएगा।

इसलिए सीईओ कैशफ़्लो योजना बनाकर आता है। इसमें आम तौर पर यहाँ लागत कम करना और वहाँ कार्यकुशलता बढ़ाना शामिल होता है। लेकिन फिर क्या होता है? कितने संगठन अपने लक्ष्य तक पहुँच पाते हैं? क्या इसलिए, क्योंकि प्रबंधन को इस बात का अहसास नहीं है कि नक़दी को सुरक्षित रखना है? या किसी दूसरी वजह से? क्या लक्ष्य की घोषणा करने भर से ही यह प्राप्त हो जाता है?

पहाड़ों का एक लाभ यह है कि यहाँ लक्ष्य अधिक आसान हो जाता है।

आज कारोबार के क्षेत्र में अधिकतर लीडर गोपनीय रूप से अमल के बारे में चिंतित रहते हैं। कॉन्फ़्रेंस बोर्ड की एक रिपोर्ट के अनुसार अमल में उत्कृष्टता और रणनीति पर निरंतर अमल वर्तमान सीईओज़ की दो शीर्ष चिंताएँ हैं।[5] ये दोनों मुद्दे कुछ साल पहले तक सूची में नज़र ही नहीं आते थे।

और सभी सीईओ के पास चिंतित होने का कारण है भी।

हमने 1.5 लाख कर्मचारियों से उनके संगठनों के शीर्ष लक्ष्य पूछे। केवल 15 प्रतिशत ही बता पाए। उन 15 प्रतिशत में से भी सिर्फ़ 40 प्रतिशत ही जानते थे कि उन लक्ष्यों को प्राप्त करने के लिए उन्हें क्या करना है। यानी लगभग 9 प्रतिशत कर्मचारियों में ही समर्पण का स्तर ऊँचा है।[6]

आइए आगे चलते हैं। आप जिन 100 लोगों के पास से गुज़रते हैं, उनमें से 15 प्रतिशत को संगठन की शीर्ष प्राथमिकता का ज्ञान हो सकता है। उन 15 को एक तरफ़ ले जाएँ और इसके बाद आप पाएँगे कि उनमें से सिर्फ़ 6 ही जानते हैं कि उस प्राथमिकता को हासिल करने में उनकी भूमिका क्या है। लेकिन 100 में से मात्र

6 कर्मचारी आपको पहाड़ के पार ले जाने के लिए पर्याप्त नहीं हैं।

क्या कहा, यह आपके संगठन के बारे में सच नहीं है? दोबारा सोच लें।

अगर आप सीईओ हैं, तो हो सकता है कि आपके सबसे क़रीबी सहयोगियों को भी आपकी सर्वोच्च प्राथमिकताओं की जानकारी न हो। एक बड़ी युटिलिटी कंपनी में जब कंपनी की 10 सर्वोच्च प्राथमिकताओं की सूची बनाने की चुनौती दी गई, तो पाँच शीर्ष एक्ज़ीक्यूटिव्ज़ ने कुल 23 प्राथमिकताओं की सूची बनाई, जिनमें से केवल 2 ही प्राथमिकताएँ एक से अधिक सूची में नज़र आईं।[7]

सीईओ यह मानकर नहीं चल सकता कि हर कर्मचारी जहाज़ पर चढ़ गया है और संगठन की सर्वोच्च प्राथमिकताओं को समझता है। (यदि आप सीईओ नहीं हैं, तो आपको ख़ुद से पूछना चाहिए कि क्या आप उन सर्वोच्च प्राथमिकताओं को जानते हैं।)

मान लें, "नक़दी को सुरक्षित रखें" लक्ष्य की घोषणा हो चुकी है। मान लें कि हर मैनेजर इसके बारे में जागरूक है। क्या इसका मतलब यह है कि हर कर्मचारी को यह मालूम है कि इस बारे में उसे क्या करना है? क्या संगठन के हर कर्मचारी ने नक़दी उत्पन्न करने की भूमिका सक्रियता से अपना ली है? क्या हर कर्मचारी के पास एक विशिष्ट, अच्छी तरह परिभाषित काम है, जो उसे करना है? क्या हर कर्मचारी के पास आमदनी बढ़ाने, लागत कम करने और वसूली की गति बढ़ाने के लक्ष्य हैं? या वे इस सर्वाधिक महत्वपूर्ण काम को सेल्स ऑफ़िस और वित्त विभाग के भरोसे छोड़ रहे हैं?

अगर आपका संगठन अधिकतर संगठनों जैसा है, तो उसमें काम करने वाले कुछ ही प्रतिशत लोग पहाड़ों पर यात्रा करने की रणनीति पर सक्रिय काम कर रहे हैं। बाक़ी तो रणनीति को समझते ही नहीं हैं, न ही उन्हें यह पता होता है कि इस पर अमल कैसे किया जाए, जबकि आज यह पहले से कहीं अधिक महत्वपूर्ण हो गया है।

संकट में एकाग्रता को पैना करना अनिवार्य है। क्या हो, अगर संगठन के हर व्यक्ति का एक-दो चीज़ों पर लेज़र जैसा फ़ोकस हो, जिन्हें करने पर आप संकट से उबर जाएँगे और अधिक शक्तिशाली बनकर उभरेंगे?

> अगर आपका संगठन अधिकतर अन्य संगठनों जैसा है, तो उसमें काम करने वाले कुछ ही प्रतिशत लोग पहाड़ों पर यात्रा करने की रणनीति पर सक्रिय काम कर रहे हैं।

शोध दर्शाता है कि जो कंपनियाँ मुश्किल समय में विजय पाती हैं, उनके पास "सरल लक्ष्य होते हैं, जिन्हें बार-बार दोहराया जाता है। साथ ही, उनके पास स्पष्ट लक्ष्य और सशक्त फ़ॉलो-थ्रू होता है, जिसमें परिणामों का मापन शामिल है।"[8]

यदि आप यहाँ बताए सिद्धांतों के आधार पर नेतृत्व करते हैं, तो निश्चित परिणाम पाने के आपके अवसर बहुत बढ़ जाएँगे - बेहद परिवर्तनशील परिवेश में भी।

महान रेसिंग टीमों की तरह ही महान संगठनों में भी एक अमल तंत्र होता है, जो परिणामों की गारंटी देता है। हार्वर्ड बिज़नेस स्कूल के प्रोफ़ेसर रॉबर्ट कैपलन और डेविड नॉर्टन कहते हैं :

> अधिकतर संगठनों में रणनीति प्रबंधन तंत्र के कई हिस्से होते हैं, जैसे रणनीतिक नियोजन, बजटिंग, मानव संसाधन नियोजन या प्रदर्शन प्रतिवेदन। लेकिन ये हिस्से अलग-अलग समूह की तरह कार्य करते हैं। एकीकरण की कमी के चलते वे अपने संभावित अधिकतर मूल्य को खो देते हैं। कंपनियाँ आम तौर पर किसी रणनीति पर अमल करने या संचालन का प्रबंधन करने में इसलिए असफल हो जाती हैं, क्योंकि उनमें इन दो अत्यावश्यक प्रक्रियाओं के एकीकरण और तालमेल में लाने वाले व्यापक प्रबंधन तंत्र का अभाव होता है।[9]

दूसरे शब्दों में, हो सकता है कि आपके पास एक अच्छी रणनीति हो, लेकिन अगर अमल तंत्र अच्छा नहीं है, तो आपकी रणनीति असफल हो जाएगी।

तो सवाल यह है, अच्छे अमल तंत्र के कौन से तत्व हैं?

हमारे वृहद शोध ने हमें बताया है कि महान प्रदर्शन करने वाले ये चार चीज़ें करते हैं, जो कमतर प्रदर्शन करने वाले नहीं करते हैं :

1. **शीर्ष लक्ष्यों पर ध्यान केंद्रित करें।** महान प्रदर्शक चाहे गए परिणामों के बारे में टीम के सदस्यों के बीच स्पष्टता और समर्पण के अधिक ऊँचे स्तर स्थापित करते हैं।
2. **सुनिश्चित करें कि हर व्यक्ति जानता हो कि इन लक्ष्यों को हासिल करने के लिए कौन सा निश्चित काम करना है।** वे लक्ष्य कैसे हासिल होंगे, यह परिभाषित करने में महान प्रदर्शक टीम के सदस्यों को शामिल करते हैं।
3. **स्कोर रखें।** महान प्रदर्शक लक्ष्यों की उपलब्धि की ओर ले जाने वाले प्रयासों की निगरानी करते हैं और उन्हें करने वाले लोगों को मान्यता व पुरस्कार देते हैं।
4. **फ़ॉलो-थ्रू का नियमित चक्र स्थापित करें।** महान प्रदर्शक नियमित रूप से मीटिंग्स आयोजित करते हैं, जहाँ टीम के सदस्य परिणाम हासिल करने के लिए एक दूसरे के प्रति जवाबदेह होते हैं।

आइए इन विभिन्न चरणों में से प्रत्येक पर इसी क्रम में नज़र डालते हैं :

1. शीर्ष लक्ष्यों पर ध्यान केंद्रित करें।

1972 में दिसंबर की एक रात को न्यू यॉर्क से आने वाला ईस्टर्न एयरलाइंस का एक जम्बो जेट अँधेरे में मायामी के पास पहुँचा। हर

चीज़ बिलकुल सही थी, जब तक कि विमान उतरने को नहीं हुआ। उस समय कप्तान ने ग़ौर किया कि लैंडिंग गियर खुलने का संकेत देने वाला हरा बल्ब नहीं जल रहा था। फ्लाइट इंजीनियर नीचे गया और उसने इस बात की पुष्टि की कि पहिए नीचे थे, जैसे कि होने चाहिए थे। इस दौरान कॉकपिट का क्रू लाइट बल्ब के साथ छेड़खानी करता रहा और अंततः इस निर्णय पर पहुँचा कि यह ख़राब हो गया था।

> **इस उथलपुथल भरे समय में आप प्रमुख लक्ष्य से अपनी निगाह हटाने का जोखिम नहीं ले सकते।**

उन कुछ मिनटों में किसी ने भी इस बात पर ग़ौर नहीं किया कि विशाल जेट तेज़ी से नीचे गिर रहा था।

एवरग्लेड्स का एक शिकारी इस भीषण दुर्घटना के बाद वहाँ पहुँचने वाला पहला व्यक्ति था। इसमें 100 से अधिक लोगों की जान चली गई थी और दर्जनों घायल होकर काले दलदल में मदद की गुहार लगा रहे थे।

दुर्घटना किस वजह से हुई ?

बिजली के एक ख़राब बल्ब की वजह से कर्मीदल का ध्यान कुछ मिनटों के लिए भटक गया था और उन्होंने अपने सबसे महत्वपूर्ण लक्ष्य - सुरक्षित ढंग से विमान को नीचे उतारना - से निगाह हटा ली थी।[10]

इस उथलपुथल भरे समय में आप प्रमुख लक्ष्य से अपनी निगाह हटाने का जोखिम नहीं ले सकते। संगठन अपने प्रमुख लक्ष्यों पर अमल करने में असफल रहते हैं, जब (1) लक्ष्य बहुत सारे होते हैं, (2) कोई परिभाषित लक्ष्य नहीं होता, या (3) लोगों का ध्यान लक्ष्यों से भटक जाता है।

बहुत सारे लक्ष्य। हमारे जटिल संगठन योजनाएँ बनाते हैं, जिनमें हज़ारों लक्ष्य होते हैं। बहरहाल, ऐसे लक्ष्यों का प्रायः बहुत

कम प्रभाव पड़ता है और वे अक्सर बदलते रहते हैं। मुश्किल समय में आप अपनी एकाग्रता को बहुत सारे छुटपुट लक्ष्यों में छिन्न-भिन्न करना गवारा नहीं कर सकते। "अति महत्वपूर्ण लक्ष्य" ही हैं, जिन्हें आपको हासिल करना चाहिए, वरना जो आप हासिल करते हैं, वह दरअसल ज़्यादा मायने नहीं रखता है। सचमुच मुश्किल दौर में आपका एक लक्ष्य दरवाज़े पर ताला न लगने देना हो सकता है।

इस बारे में सोचें। अगर आपके पास सिर्फ़ एक ही लक्ष्य हो, तो उत्कृष्टता के साथ उसे हासिल करने की काफ़ी संभावना होती है। अगर आपके पास दो महत्वपूर्ण लक्ष्य हों, तो आपने दोनों को उत्कृष्टता के साथ हासिल करने की संभावना को आधा कर लिया है। तीन लक्ष्य इस संभावना को और कम कर देते हैं। और इसी तरह यह क्रम चलता है।

बेन एंड कंपनी के ओरिट गैडीश कहती हैं, "कोई कंपनी तब सफल नहीं हो सकती, जब यह अपने संसाधन बहुत सारे कामों में विभाजित कर लेती है। अति महत्वपूर्ण, सही मुद्दों पर ध्यान एकाग्र करना - अधिकतर प्रकरणों में तीन या पाँच से अधिक नहीं - सफलता हासिल करने के लिए अत्यावश्यक है।"[11] यह ख़ास तौर पर "पहाड़ों" पर सच है।

> **यदि आपकी सफलता किसी अति महत्वपूर्ण लक्ष्य पर निर्भर करती है, तो उसे अच्छी तरह व्यक्त करना सार्थक है।**

कोई परिभाषित लक्ष्य नहीं। बहुत सारे संगठनों के पास तो बताने के लिए लक्ष्य होते ही नहीं हैं - यानी, कोई भी उनके बारे में बात नहीं करता है, क्योंकि कोई दरअसल जानता ही नहीं है कि वे क्या हैं। हमने हज़ारों मैनेजरों और कर्मचारियों के साथ बातचीत की है, जो पक्के तौर पर यह नहीं बता पाए कि उन्हें किस लक्ष्य पर ध्यान केंद्रित करना चाहिए। यदि लक्ष्य होते भी हैं, तो आम तौर पर अस्पष्ट भाषा में बताए जाते हैं : "ऊर्जा बचाओ" या "ऑनलाइन

चैनल्स से अधिक आमदनी प्राप्त करो" या "इस या उस के लीडिंग प्रोवाइडर बनो।" जब लक्ष्य धुँधले और बुरी तरह परिभाषित हों, तो कर्मचारियों के पास निशाना साधने के लिए कुछ होता ही नहीं है।

यदि आपकी सफलता किसी अति महत्वपूर्ण लक्ष्य पर निर्भर करती है, तो उसे अच्छी तरह व्यक्त करना सार्थक है। और यह तब तक अच्छी तरह व्यक्त नहीं होता, जब तक कि सफलता का पैमाना स्पष्ट न हो। सबसे अच्छा पैमाना हमेशा इस प्रश्न का जवाब है : "इस बिंदु से उस बिंदु तक कब तक पहुँचेगे?" इस वक़्त हम सटीकता से कितनी बिजली ख़र्च कर रहे हैं और हमें साल के अंत तक कितनी बिजली बचानी है? हमें इस वक़्त ऑनलाइन चैनल्स से कितनी आमदनी हो रही है और इस तिमाही में हमें कितनी अधिक आमदनी करनी है? "लीडिंग प्रोवाइडर" बनने का क्या मतलब है? लीडर के संदर्भ में इस वक़्त हम कहाँ हैं? हमारे बीच कितना फ़ासला है? और हमारे पास कितना समय है?

लोगों का ध्यान लक्ष्यों से भटक जाता है। कितनी ही बार देखा गया है कि संगठन किसी महत्वपूर्ण नए लक्ष्य की घोषणा करने के लिए एक बड़ी मीटिंग आयोजित करता है, लेकिन फिर रोज़मर्रा के काम के दबाव हावी हो जाते हैं और सबका उत्साह ठंडा पड़ जाता है। कंपनी की कितनी सारी नई पहलें भुलाई जा चुकी हैं और उस ज्वार में दफ़न हो चुकी हैं, जिसे "दैनिक कामकाज" कहा जाता है!

मान लें, आपका अति महत्वपूर्ण लक्ष्य कैशफ़्लो को बेहतर बनाना है। आप संगठन के हर कर्मचारी से यह काम करने को कहते हैं। ज़ाहिर है, आपको यह पता होना चाहिए कि वे अपना जो काम कर रहे हैं, उसमें वे पहले से ही पर्याप्त व्यस्त रहते हैं, इसलिए आप उनसे उतने ही समय में वह अतिरिक्त काम भी करने को कह रहे हैं। हर एक को कैश मैनेजर में बदलने की आपकी संभावनाएँ बहुत कम हैं, जब तक कि आप

> बुरे दौर में व्यवधान पहले से कहीं अधिक गंभीर होते हैं।

नियमित रूप से लक्ष्य पर ज़ोर न दें, उनके कामों के अंबार को कम करने के बारे में विचार न करें और व्यवधानों को न्यूनतम न कर दें।

लेकिन बुरे दौर में व्यवधान पहले से कहीं अधिक गंभीर होते हैं। ज्वार सूनामी बन जाता है। जब कुछ कर्मचारियों को नौकरी से निकाला जाता है, तो बचे हुए कर्मचारियों को ज़्यादा काम करना पड़ता है। जब अर्थव्यवस्था अधिक कठोर होती है, तो व्यवधान आसमान छूने लगते हैं। नौकरी की असुरक्षा, रिटायरमेंट की चिंताएँ, कर्ज़ और अविश्वास की वजह से एकाग्र होना अधिक मुश्किल बन जाता है।

इस पुस्तक के अध्याय 2 से अध्याय 4 में हम इन व्यवधानों से अधिक विशिष्ट रूप से निबटेंगे। हाल-फ़िलहाल बस जागरूक बनें रहें कि जब आपको टीम से एकाग्रता की सबसे अधिक ज़रूरत होती है, तभी इसके मिलने की सबसे कम संभावना रहती है। मुश्किल दौर ऐसे ही होते हैं।

एक अच्छे अमल तंत्र की पहली आवश्यकता यह है कि हर कर्मचारी को प्रमुख लक्ष्य पता हो और वह उनसे सहमत हो। लीडर का काम इस बात से शुरू होता है कि वह एक लक्ष्य को चुने, उसे संप्रेषित करे, उसकी व्याख्या करे और यह सुनिश्चित करे कि हर कर्मचारी इसे अच्छी तरह समझ गया हो। केवल एक, दो या तीन अच्छी तरह व्यक्त किए गए लक्ष्य होने चाहिए - जितने कम हों उतना बेहतर है - तभी उस पर एकाग्रता पैनी होती है, जो सचमुच मायने रखता है।

व्यवधानों को ख़त्म या कम करना लीडर का काम है। जो प्राथमिकताएँ कम महत्वपूर्ण हैं, उन्हें नहीं कह दें। कमतर कामों को "फावड़े से खोदकर बाहर निकाल दें।" टीम के सदस्यों को भी नहीं कहने और अपनी भरी हुई कार्यसूचियों को कम करने की स्वतंत्रता दें। प्रमुख लक्ष्य हासिल करने के लिए उनकी राह साफ़ कर दें।

2. सुनिश्चित करें कि हर व्यक्ति जानता हो कि इन लक्ष्यों को हासिल करने के लिए कौन सा विशिष्ट काम किया जाना है।

एक विशाल, नीला मालवाहक जहाज़ धीरे-धीरे कोपनहेगन से ब्रेमरहेवन की ओर यात्रा करता है। यह समुद्र जितना ही बड़ा दिखता है। *यूजेन मेयर्स्क* नामक यह विश्व का सबसे बड़ा समुद्री मालवाहक जहाज़ 400 मीटर लंबा है। इसका प्रोपेलर शैफ्ट फ़ुटबॉल के मैदान से भी लंबा है। अगर इसके पास न्यू यॉर्क की एम्पायर स्टेट बिल्डिंग खड़ी कर दी जाए, तो वह 50 फ़ुट कम निकलेगी। यूजेन मेयर्स्क के मालगोदाम में 40 फ़ुट के 11,000 कंटेनर्स के लिए पर्याप्त जगह है, जिन्हें कारोबारी भाषा में "कैन" कहा जाता है।

शांत समुद्र में भी इस जटिल जहाज़ को चलाना पर्याप्त चुनौतीपूर्ण काम है। बहरहाल, खाड़ियों या तूफ़ानों में तो इसे चलाने के लिए पूर्ण एकाग्रता और सटीक अमल की ज़रूरत होती है। आसमान में अँधेरा रहता है, हवाएँ तेज़ चलती हैं, खाड़ी सँकरी हो जाती है। जहाज़ी इसके लिए अच्छी तरह तैयार रहते हैं और एकजुट होकर एक ही इंसान की तरह काम करते हैं। हर सदस्य को जहाज़ को सुरक्षित रखने में अपनी भूमिका के बारे में विश्वास होता है। यात्रा सुचारु रूप से हो जाती है।

यूजेन मेयर्स्क उथलपुथल वाले समुद्र में चलने का आदी है। एक साल जहाज़ माल से खचाखच भरा रहता है (इसे कुछ माल छोड़कर भी जाना पड़ता है, वही अगले साल बाज़ार में मंदी की वजह से जहाज़ सिर्फ़ आधा ही भर पाता है। बदलती आर्थिक स्थितियों के इस उतार-चढ़ाव से कैसे निबटें ?

कोपनहेगन में जहाज़ के मालिक ठीक यही करने की कोशिश कर रहे हैं। मेयर्स्क संसार का सबसे बड़ा मालवाहक जहाज़ है। आर्थिक तूफ़ानों में सुरक्षित यात्रा करने के लिए उन्हें उत्कृष्ट सेवा

देनी होती है और सबसे कम संभव लागत पर देनी होती है। उन्होंने अपना लक्ष्य तय कर लिया है और इसके लिए कर्मचारियों को निश्चित काम सौंप दिए हैं।

मेयर्स्क पर मौजूद हर व्यक्ति लागत बचाने के लक्ष्य को जानता है : इसीलिए *यूजेन मेयर्स्क* में भोजन करने के बाद कर्मचारी लागत कम रखने के लिए नैपकिन के बजाय पेपर टॉवेल्स का इस्तेमाल करते हैं। और मेयर्स्क के लीडर चाहते हैं कि इस लक्ष्य को हासिल करने में टीम का हर सदस्य अपनी भूमिका जान ले।[12]

लीडर तय करते हैं कि लक्ष्य क्या है, लेकिन वे यह तय नहीं करते कि उसे कैसे हासिल किया जाए; यह टीम का काम होता है। मेयर्स्क को भरोसा है कि जो कर्मचारी काम को करते हैं, वही पता लगाएँ कि उसे अधिक कार्यकुशलता से और कम लागत में कैसे किया जाए।

मिसाल के तौर पर, मेयर्स्क की सहायक कंपनी मेयर्स्क कंटेनर इंडस्ट्री के वाइस प्रेसिडेंट पेर नडसेन लक्ष्य को जानते हैं। बहरहाल, इसे कैसे हासिल किया जाए, यह कंपनी उन्हीं पर छोड़ देती है। वे *यूजेन मेयर्स्क* और अन्य जहाज़ों पर लदने वाले बड़े कंटेनर्स बनाने के कार्य में सलंग्न हैं, इसलिए इस काम में वे लगातार लागत कम करने के तरीक़ों की तलाश करते रहते हैं।[13]

पेर नडसेन ने अपनी टीम का एग्ज़ीक्यूशन कोशेंट कोशेंट सर्वे किया।[14] इस आकलन की मदद से उन्होंने कंपनी के लक्ष्य हासिल करने के अवसरों को - और इसे हासिल करने में आने वाली बाधाओं को भी - पहचान लिया, जिनके बारे में वे पहले कुछ नहीं जानते थे।

"पहले एग्ज़ीक्यूशन कोशेंट सर्वे के बाद हम ऐसी चीज़ें करने में कामयाब हुए, जो हम उसके बिना नहीं कर पाते। मिसाल के तौर पर, हमने एक प्रोजेक्ट पर काम शुरू किया, जिसका स्पष्ट

लक्ष्य था एक यूनिट उत्पादन में लगने वाले काम के घंटों की संख्या कम करना। परिणाम जल्दी ही सामने आए - पहले एक कंटेनर को बनाने में 42 घंटे लगते थे; अब ये घटकर 34 हो गए हैं।" नया लक्ष्य है इसे घटाकर 30 घंटे करना।[15]

कंपनी ने लागत कम करने का लक्ष्य तय किया, लेकिन उस लक्ष्य को कैसे हासिल करना है, यह फ़ैसला पेर नडसेन और उनकी टीम ने किया।

जो लीडर अपने नीचे की टीमों को लक्ष्य देते हैं, उन्हें टीमों को लक्ष्य हासिल करने का तरीक़ा सीखने का समय और अवसर भी देना चाहिए। हर नए लक्ष्य के लिए यह आवश्यक होता है कि लोग वे चीज़ें करें, जो उन्होंने पहले कभी नहीं की हैं। नसीम तालेब कहते हैं, "छोटी असफलताओं की श्रँखला आवश्यक है, यह स्वीकार करने और ग़लती करके सीखने में हमारे सामने मनोवैज्ञानिक तथा बौद्धिक मुश्किलें आती हैं।"[16] अपनी प्रक्रियाओं और तंत्रों को बेहतर बनाने के लिए मेयर्स्क कंटेनर टीम को बहुत सी ग़लतियाँ करने की ज़रूरत पड़ी। लेकिन एक बार जब उन्होंने कुछ प्रमुख बातों को पहचान लिया, जिन पर ध्यान केंद्रित किया जाना था, तो फिर उन्होंने उत्पादन के समय को लगभग 20 प्रतिशत कम कर लिया और मेयर्स्क के मुनाफ़े में अच्छी-ख़ासी बढ़ोतरी कर दी।

एक और कंपनी ने लागत कम करने के लक्ष्य की घोषणा की और फिर एक रोचक अभ्यास किया। शिखर से यह आदेश नहीं दिया गया कि पैसे कैसे बचाए जाएँ। इसके बजाय लीडरों ने हर कर्मचारी को नक़ली "गैराज सेल" में आमंत्रित किया। उन्हें इस "सेल" में कोई भी ऐसी चीज़ लानी थी - कोई भी ऐसा सामान, प्रक्रिया या तंत्र - जिसके बारे में उन्हें लगता था कि इसके बिना उनका काम चल सकता है। कर्मचारियों को ख़ुद निर्णय लेना था कि कटौती कहाँ करनी है। लीडर जानते थे कि यह निर्णय लेने के

लिए कर्मचारी ही सबसे सक्षम और उपयुक्त थे। परिणाम यह हुआ कि कंपनी ने जल्दी और समझदारी से अपनी लागतें कम कर लीं।

लैन्स आर्मस्ट्राँग टुअर द फ्रांस सात बार अकेले नहीं जीते थे। उनकी टीम के सदस्यों - हिनकैपी, लैन्डिस, अज़ेवीडो और अन्य - ने उस लक्ष्य को हासिल करने के लिए अपनी भूमिकाओं पर सटीकता से अमल किया था। टीम के हर सदस्य का योगदान महत्वपूर्ण होता है, ख़ास तौर पर जब आप पहाड़ों पर होते हैं।

3. स्कोर रखें।

कल्पना करें कि *यूजेन मेयर्स्क* का पायलट अपने विशाल मालवाहक जहाज़ को खाड़ी से ले जा रहा है। चट्टानें और सँकरी समुद्री दीवारें 400 मीटर लंबे जहाज़ के लिए जोखिम पेश कर रही हैं। वह अपनी निगाह स्क्रीन से कभी नहीं हटाता है, क्योंकि स्क्रीन उसे इंचों की सटीकता से बताती है कि वह इस वक़्त कहाँ है। उसके डैशबोर्ड पर तमाम तरह के सूचक यंत्र - गति, ईंधन का दबाव और तापमान मापक - लगे हुए हैं, लेकिन इस वक़्त उस एक स्क्रीन पर उसकी एकाग्रता पूर्ण है, उसका फ़ोकस अटूट है।

जब आप "खाड़ी में" होते हैं, तो आप अपनी आँख के सामने कोई दूसरी चीज़ नहीं आने दे सकते, न ही आप कम महत्वपूर्ण चमकती रोशनियों और बजते हॉर्न्स से ध्यान भटकना गवारा कर सकते हैं। आपको सटीकता से जानना होता है कि कुछ प्रमुख पैमानों के संदर्भ में आप कहाँ हैं। इसीलिए हर अच्छे अमल तंत्र में स्कोर रखना ज़रूरी होता है।

चतुर लीडर जानते हैं कि दो तरह के क़दमों पर निगाह रखनी होती है : पिछले क़दम और अगले क़दम। हम आम तौर पर पिछले क़दमों के बारे में ही सोचते हैं, क्योंकि वे हमें बताते हैं कि अभी-अभी क्या हुआ था। बिक्री के आँकड़े, एक्सपेंस रिपोर्ट्स,

इन्कम स्टेटमेंट्स - ये सभी पिछले क़दमों के उदाहरण हैं। वे आवश्यक हैं, लेकिन आप उनके बारे में ज़्यादा कुछ नहीं कर सकते। वे इतिहास बन चुके हैं।

दूसरी ओर, अगले क़दमों की भविष्यवाणी की जा सकती है और उन्हें प्रभावित किया जा सकता है। वे आपको बताते हैं कि क्या होने की संभावना है। आप उन्हें नियंत्रित कर सकते हैं। टुअर द फ्रांस टीम के लिए अगले क़दमों में पहाड़ियों की पुनरावृत्तियाँ, एरोडायनैमिक्स और डाइट शामिल हैं। टीमें हर भोजन का वज़न तौलती हैं और हर कैलोरी को गिनती हैं। एक साइकल चालक तो अपने पनीर को ख़ूब धोता है, ताकि अपने अंदर जाने वाले वसा को नियंत्रित कर सके।

कमज़ोर लीडर सिर्फ़ पिछले क़दमों पर ही ध्यान केंद्रित करता है। वह हर सप्ताह बिक्री के आँकड़े देखता है और कोटा पूरा न करने वाले सेल्स से जुड़े को चेतावनी देने के लिए अपने ऑफ़िस में आमंत्रित करता है। कुछ क्रियाशील करने का विचार उसके मन में आता ही नहीं है। वह सोचता ही नहीं है कि वह बिक्री बढ़ाने वाले कुछ प्रमुख क़दम पहचानने में टीम की मदद करे।

शक्तिशाली लीडर अगले क़दमों पर ध्यान केंद्रित करता है। वह टीम की मदद करता है और उससे तीन-चार प्रमुख कार्य अलग करने को कहता है, जिन्हें टीम नियंत्रित कर सकती है और जिनसे मनचाहे परिणाम मिलने की सबसे अधिक संभावना है (पहले बताया गया क़दम 2)। फिर वह उन कार्यों की निरंतर निगरानी करता है।

प्रभावी नेतृत्व एक तरह से विज्ञान के प्रयोग की तरह है, जिसमें बहुत सी ग़लतियों की गुंजाइश रहती है। टीम पिछले क़दमों को प्रभावित करने के लिए कई नीतियाँ आज़माती है। मिसाल के तौर पर, एक निर्माण आपूर्ति कंपनी होलसेल ग्राहकों को ईमेल से प्रस्ताव भेजती थी। उसने इनके प्रभाव की निगरानी की। एक

सप्ताह में दो ईमेल भेजने से ज़रा भी असर नहीं हुआ। लेकिन जब ग्राहकों को एक सप्ताह में तीन ईमेल भेजे गए, तो बिक्री में उछाल आ गया। अब यह आपूर्ति कंपनी उस संख्या को स्कोरबोर्ड पर रखती है, ताकि हर होलसेल ग्राहक को प्रति सप्ताह तीन प्रस्ताव भेजे जाएँ।

शक्तिशाली लीडर अग्र क़दमों पर ध्यान केंद्रित करता है। वह टीम की मदद करता है और उससे तीन–चार प्रमुख कार्य अलग करने को कहता है, जिन्हें टीम नियंत्रित कर सकती है और जिनसे मनचाहे परिणाम मिलने की सबसे अधिक संभावना है।

एक बड़े रिटेलर के शू डिपार्टमेंट ने ग़ौर किया कि जब ग्राहकों ने चार जोड़ी जूते पहनकर देखे, तो उनमें से अधिकतर ने एक के बजाय दो जोड़ी जूते ख़रीदे। डिपार्टमेंट अब हर ग्राहक को दिखाए जाने वाले जूतों की जोड़ियों का स्कोर रखता है। स्कोर रखने में समय लगता है, लेकिन अगले क़दम उनके लक्ष्य के लिए इतना महत्वपूर्ण है कि सभी सेल्स से जुड़े लोग इसे स्वेच्छा से करते हैं। यही नहीं, स्टाफ़ को सिर्फ़ पिछले क़दम (परिणाम) पूरे करने के लिए ही पुरस्कार नहीं दिया जाता, बल्कि अगले क़दम (परिणाम हासिल करने के लिए आवश्यक कार्य) पूरे करने के लिए भी पुरस्कार दिया जाता है।

प्रदर्शन की गति तीव्र करने का मतलब है कुछ प्रमुख पैमानों की निगरानी करना।

बेन एंड कंपनी की ओरिट गैडीश स्कोर रखने के बारे में यह कहती हैं :

> प्रदर्शन की गति तीव्र करने का मतलब है कुछ प्रमुख पैमानों की निगरानी करना। ये पैमाने सामान्य प्रबंधन लेखा आँकड़ों के गहरे तालाबों से परे जाते हैं – जो अधिकांशतः पीछे की ओर देखते हैं और जिन पर काम

> नहीं किया जा सकता... आपका ब्लूप्रिंट कुछ प्रमुख पैमाने तय करता है, जो चुने हुए कामों की सफलता की निगरानी के लिए आवश्यक हैं। फिर कंपनी पूरी कंपनी की भाषा और पुरस्कार तंत्र को उन पैमानों के चारों ओर व्यवस्थित कर देती है।[17]

दूसरे शब्दों में, केवल पीछे की ओर देखने वाले पिछले क़दमों पर ध्यान केंद्रित करने के बजाय आगे की ओर देखने वाले अगले क़दमों पर ध्यान केंद्रित करें।

लक्ष्य जानने का मतलब यह जानना नहीं है कि उसे हासिल करने के लिए क्या करना है। लक्ष्य की घोषणा करना और फिर परिणामों की निगरानी करना ही काफ़ी नहीं है। लीडरों को पूरी टीम को शामिल करना होगा और यह पता लगाना होगा कि इसे हासिल करने के लिए कौन से प्रयास करना ज़रूरी है। फिर उसे अथक रूप से उन प्रयासों की निगरानी करनी होगी।

4. फ़ॉलो थ्रू का नियमित चक्र स्थापित करें।

25 मई, 2001 को एरिक वायनमायर माउंट एवरेस्ट के शिखर पर खड़े होने वाले पहले दृष्टिहीन इंसान बने। चढ़ाई मुश्किल और ख़तरनाक थी; सफलता उल्लासमय थी। असाधारण बात यह थी कि एरिक की पर्वतारोही टीम का लगभग हर सदस्य शिखर पर पहुँचा था।

लक्ष्य स्पष्ट लेकिन अभूतपूर्व था। एरिक की टीम को ऐसी चुनौतियों का सामना करना पड़ा, जिनका सामना बाक़ी पर्वतारोहियों ने पहले कभी नहीं किया था। पर्वत के मुहाने के दग़ाबाज़ खम्बू आइसफ़ाल के पार जाना सीखने में हफ्तों के प्रयास की ज़रूरत पड़ी। इस प्रक्रिया में सभी पर्वतारोही हर रात को खाने और बातचीत करने के लिए टीम के टेंट में मिलते थे।

ये टेंट मीटिंग्स लक्ष्य हासिल करने के लिहाज़ से बहुत महत्वपूर्ण साबित हुईं। हर मीटिंग में टीम के सदस्य दिन भर की सफलताओं और असफलताओं का जायज़ा लेते थे, उनसे सबक़ सीखते थे और अगले दिन उन पर अमल करते थे। फिर यह चक्र दोहराया जाता था। अंततः उन्होंने ग्लेशियर के आइसफ़ाल को पार करने के लिए आवश्यक समय को 13 घंटे से घटाकर 2 घंटे कर दिया। शिखर पर सफलतापूर्वक चढ़ने के लिए इस तरह की गति अनिवार्य थी।[18]

टेंट मीटिंग्स संक्षिप्त होती थीं - आख़िर, बर्फ़ीली ठंड थी और टीम के सदस्य थक चुके होते थे। लेकिन यह एक फ़ायदेमंद बात भी थी। इन मीटिंग्स में सिर्फ़ दिन की घटनाओं पर प्रतिक्रिया नहीं होती थी, उनके बारे में अंतहीन बातचीत नहीं होती थी। इसके बजाय हर कोई सिर्फ़ समाधानों पर केंद्रित रहता था। वे छोटी उपलब्धियों का जश्न मनाते थे, फटाफट योजनाएँ बनाते थे और मीटिंग ख़त्म कर देते थे।

आपकी टीम को अगर लक्ष्य हासिल करने हैं, तो इसके लिए भी जवाबदेही के ऐसे ही चक्र की ज़रूरत है। लीडर अक्सर यह ग़लती करते हैं कि वे एक बड़े लक्ष्य की घोषणा कर देते हैं और फिर इस उम्मीद में हाथ पर हाथ धरकर बैठ जाते हैं कि यह अपने आप हासिल हो जाएगा। अगर आप लक्ष्य के बारे में कभी नहीं पूछेंगे, तो आपकी टीम के सदस्य उसकी कोई परवाह नहीं करेंगे। उनके पास करने के लिए पहले ही पर्याप्त काम है। अगर आप नियमित रूप से और बार-बार लक्ष्य संबंधी प्रगति की समीक्षा नहीं करते हैं, तो टीम के सदस्य इस नतीजे पर पहुँचेंगे कि आप उस लक्ष्य को सचमुच महत्वपूर्ण नहीं मानते और वे उसी कामकाज में जुटे रहेंगे, जो वे आम तौर पर करते हैं।

एक वित्तीय वर्ष की शुरुआत में एक कंपनी ने पूरे कर्मचारियों के लिए एक भव्य सम्मेलन आयोजित किया। उसमें उन्हें बड़ी-बड़ी

रंगीन पुस्तिकाएँ थमा दी गईं, जिनमें आगामी वर्ष के लक्ष्य शामिल थे। लीडरों ने प्रेरक शब्दावली में भाषण दिए कि लक्ष्य कंपनी के भविष्य के लिए कितना महत्वपूर्ण था। कर्मचारियों से इसे हासिल करने के लिए समर्पित होने को कहा गया। आख़िर, यह एक अच्छा लक्ष्य था – शक्तिशाली, रणनीतिक रूप से ठोस लक्ष्य, जो हर एक को समझदारी भरा दिख रहा था।

सप्ताह गुज़र गए, महीने गुज़र गए। साल के अंत में लीडरों ने कर्मचारियों से पूछा, "कैसा चल रहा है?" लेकिन कोई जवाब नहीं दे पाया।

सम्मेलन के बाद पहले सप्ताह में हर कर्मचारी लक्ष्य के बारे में उत्साह से बात करता था। वे एक दूसरे से कहते थे, इससे हर चीज़ बदल जाएगी। दूसरे सप्ताह बातचीत थोड़ी कम हो गई। तीसरे सप्ताह कर्मचारी बहुत व्यस्त रहे, इसलिए उन्होंने इसके बारे में ज़्यादा नहीं सोचा। पहले महीने के अंत तक लक्ष्य उनके मानसिक राडार से दूर जा चुका था।

सप्ताह गुज़र गए, महीने गुज़र गए। साल के अंत में लीडर ने कर्मचारियों से पूछा, "कैसा चल रहा है?" लेकिन कोई जवाब नहीं दे पाया। उस वित्तीय सत्र के अंत तक लक्ष्य बहुत कम हासिल हो पाया। लीडर विचलित थे, आगबबूला थे। कंपनी के सभी कर्मचारी इतने ग़ैर-ज़िम्मेदार कैसे हो सकते थे? क्या वे लक्ष्य हासिल करने के लिए सहमत नहीं हुए थे?

समस्या? "टेंट मीटिंग्स" का नियमित बार-बार न होना। लीडर ने लक्ष्य पर प्रगति के बारे में अगर कभी पूछा था, तो सिर्फ़ तिमाही प्रदर्शन समीक्षाओं में ही पूछा था। वे उम्मीद कर रहे थे कि हर कर्मचारी अपने आप अच्छा प्रदर्शन करेगा, इसलिए उन्होंने सभी को लक्ष्य पर केंद्रित रखने के लिए जवाबदेही का कोई चक्र स्थापित नहीं किया था। जब लीडर ने फ़ॉलो-थ्रू नहीं किया, तो हर कर्मचारी ने यह मान लिया कि लक्ष्य आख़िरकार उतना महत्वपूर्ण नहीं था।

महान टीमें अपने लक्ष्यों के संबंध में प्रगति की समीक्षा करने के लिए नियमित रूप से और अक्सर मिलती हैं - कम से कम सप्ताह में एक बार, प्रायः हर दिन। ये मीटिंग्स सरल होती हैं। वे उस वक़्त कहाँ पर हैं, यह जानने के लिए टीम के सदस्य स्कोरबोर्ड देखकर बात शुरू करते हैं। वे किए गए वादों के संबंध में प्रगति बताते हैं। वे सीखे गए सबक़ों पर बातचीत करते हैं। वे योजना बनाते हैं कि आगे क्या करना है और वे नए वादे करते हैं। ये सामान्य "स्टाफ़ मीटिंग्स" नहीं होती हैं : टेंट मीटिंग्स सफलता के मुख्य पैमानों को आगे बढ़ाने पर पूरी तरह ध्यान केंद्रित करती हैं। जब टीम के सदस्यों को भरोसा होता है कि प्रगति के बारे में उनसे बार-बार पूछा जाएगा, तो वे यह जान जाते हैं कि उनके लीडर परवाह करते हैं और वे योगदान देना चाहते हैं।

एक बार फिर बेन एंड कंपनी की ओरिट गैडीश का कथन देखें :

> परिणाम-केंद्रित मानसिकता क्रियाशील दोहराए जाने वाले फ़ॉर्मूले विकसित करने पर आधारित है। यह दोहराव स्थायी परिणामों की कुंजी है... यह एक मानसिकता है, जो घटनाओं पर प्रतिक्रिया करने के बजाय क्रियाशील तरीक़े से समाधान खोजने वाले नज़रिये को प्रोत्साहित करती है... यह एक निष्क्रिय, कोई-जोखिम-मत-लो, "यह हमारे साथ हुआ था" की संस्कृति का विपरीत है।

मिसाल के तौर पर, नेस्ले कंपनी के एक डिवीज़न में "कर्मचारी अपनी शिफ्ट ख़त्म करने के बाद आपस में मिलते हैं। उनके पास एक ख़ास कमरा है, जहाँ उनके प्रदर्शन के आँकड़े दीवार पर प्रदर्शित होते हैं और पंद्रह-बीस मिनट तक वे अपने प्रदर्शन को देखते हैं और फिर निर्णय लेते हैं कि सुधार करने के लिए उन्हें क्या करना होगा।"[19]

संक्षेप में, उत्कृष्ट अमल के बिंदु तक पहुँचने के लिए किसी लीडर को चार बुनियादी काम करने होते हैं :

1. शीर्ष लक्ष्यों पर ध्यान केंद्रित करें।
2. यह सुनिश्चित करें कि हर कोई जानता हो कि उन लक्ष्यों को हासिल करने के लिए कौन सा विशिष्ट काम करना है।
3. स्कोर रखें
4. फ़ॉलो-थ्रू का नियमित चक्र स्थापित करें।

क्या आप "बीच वालों का" सही प्रबंधन कर रहे हैं?

ठीक है। आपकी रणनीति और लक्ष्य तय हो गए, आपकी टीम जानती है कि क्या करना है और स्कोर क्या है... और आप फ़ॉलो-थ्रू भी कर रहे हैं। निश्चित परिणाम सुनिश्चित करने के लिए आपने अपने वश की हर चीज़ कर दी है।

लेकिन फिर आप संगठन के प्रदर्शन पर नज़र डालते हैं और आपको हमेशा भिन्नताएँ नज़र आती हैं।

यह जीवन का तथ्य है। कुछ लोग और टीमें बेहतर प्रदर्शन करते हैं, कुछ ज़रा भी अच्छा प्रदर्शन नहीं करते - और इन दोनों के बीच में लोगों का सबसे बड़ा समूह होता है। कहीं भी, लोगों के किसी भी समूह का प्रदर्शन हमेशा इस तरह दिखता है :

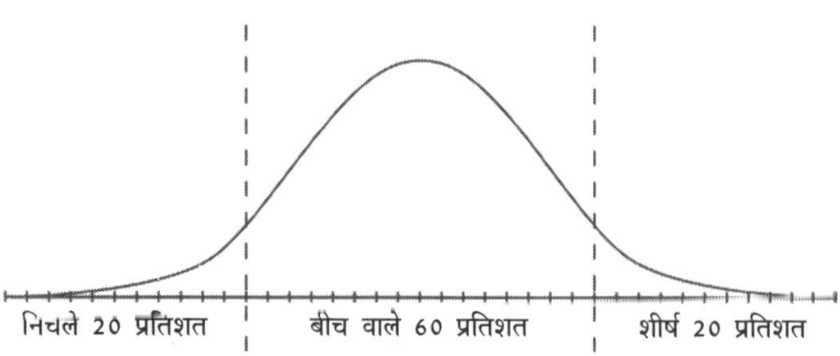

आपने देखा? बीच में वह बड़ा उभार - ये वे लोग हैं, जो कहीं अधिक योगदान दे सकते हैं, बशर्ते उन्हें मालूम हो कि वे ऐसा कैसे कर सकते हैं। अब ज़रा इस व्यापक प्रभाव के बारे में सोचें। अगर बीच वाले 60 प्रतिशत लोग शीर्षस्थ 20 प्रतिशत लोगों जैसा प्रदर्शन करने के यथासंभव क़रीब पहुँच जाएँ तो क्या हो! अगर ग्राफ़ कुछ इस तरह दिखे, तो आपके प्रदर्शन के लिए यह कितना महत्वपूर्ण होगा?

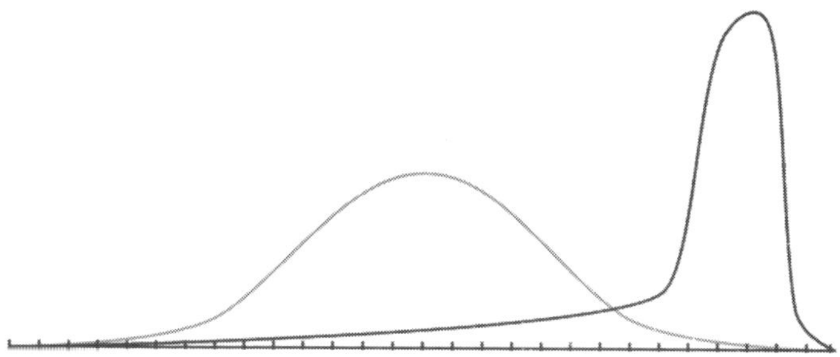

लीडर के रूप में यह आपके लिए सबसे बड़ा अवसर हो सकता है कि आप ग्राफ़ के बीच में अटके बहुसंख्यक लोगों को "दाईं तरफ़ और चुस्त" स्थिति तक ले आएँ। आप नहीं चाहते हैं कि वे "बाईं तरफ़ और ढीले" बने रहें : क्योंकि इसका मतलब तो यह होगा कि आप पहाड़ी दर्रों में अटक गए और अपना लाभ गँवा दिया।

आपका ग्राफ़ क्या बताता है? क्या आप "दाएँ और चुस्त" हैं या फिर आप "बाएँ और ढीले" हैं?

टुअर द फ़्रांस में रेसिंग करने वाले साइकल चालक आम तौर पर एक झुंड में चलते हैं, जिसे प्लाटून कहते हैं। यह झुंड हवा में उड़ने वाले पक्षियों के झुंड जैसा ही व्यवहार करता है। सबसे आगे के साइकल धावक पीछे चलने वालों के लिए हवा का आसान दबाव बनाते हैं, जिससे उनके लिए साइकल चलाना ज़्यादा आसान हो जाता है।

अगर हवा का प्रतिरोध कम हो, तो कई बार साइकल सवार के लिए प्लाटून में पीछे रहना लाभकारी होता है। लेकिन विजेता टीम वहाँ नहीं रहना चाहती। चूँकि यह रेस मिनटों और सेकेंडों के अंतर से जीती जाती है, इसलिए विजेता टीम यथासंभव प्लाटून का नेतृत्व करना चाहती है। टीम के किसी सदस्य को बीच की स्थिति से एक-दो मीटर ऊपर लाने से भी पहाड़ों पर वास्तविक फ़र्क़ पड़ सकता है।

लैन्स आर्मस्ट्राँग की टीम एक सदस्य जॉर्ज हिनकैपी अपनी मांसपेशीय धावक योग्यता के लिए मशहूर हैं। वे छोटी दूरी की दौड़ में किसी को भी हरा सकते हैं, जो आवश्यकता पड़ने पर एक मूल्यवान योग्यता है। लेकिन पहाड़ों पर हिनकैपी तुलनात्मक रूप से कमज़ोर थे और टीम उनसे एक बेहतर सर्वांगीण प्रदर्शन चाहती थी। अच्छी कोचिंग ने उन्हें थोड़ा छरहरा और चढ़ाई पर थोड़ा बेहतर बना दिया। अंत में, हिनकैपी ने जुझारू मध्यम चढ़ाइयों पर नेतृत्व ले लिया और आर्मस्ट्राँग से कुछ इंच आगे बने रहे, ताकि अपने लीडर के आख़िरी धक्के के लिए रास्ता साफ़ रख सकें।[20]

लेकिन आपको स्वयं से यह पूछना चाहिए, "मैं अधिक कर्मचारियों से वे चीज़ें कैसे करा सकता हूँ, जिन्हें करने का तरीक़ा हम पहले से ही जानते हैं?"

उनकी टीम को पहाड़ों के लिए कोई बड़ी नई रणनीति सोचने की ज़रूरत नहीं थी। उन्हें तो बस इस बात की ज़रूरत थी कि टीम का हर साथी वे चीज़ें करे, जिन्हें करने की अहमियत वे पहले से जानते थे।

जब आप पहाड़ों पर होते हैं, तो यही आपकी टीम के लिए भी सच है। हो सकता है, आप स्वंय से पूछ रहे हों, "अब मुझे किस नवाचारी रणनीति की ज़रूरत है?" और यह एक अच्छा सवाल है।

लेकिन आपको स्वंय से यह पूछना चाहिए, “मैं अधिक कर्मचारियों से वे चीज़ें कैसे करा सकता हूँ, जिन्हें करने का तरीक़ा हम पहले से ही जानते हैं ?”

हर संगठन में - अग्रिम पंक्ति में भी और प्रबंधन में भी - टीम के कुछ सदस्य होते हैं, जो उत्कृष्टता के साथ पहले से ही काम कर रहे होते हैं। अपने शोध में हमने पाया है कि प्रदर्शन में सुधार का सबसे बड़ा अवसर इस बात में निहित है कि बीच वाले 60 प्रतिशत लोगों को शीर्ष 20 प्रतिशत लोगों के प्रदर्शन स्तरों के क़रीब ले जाया जाए। तेज़ी से गणना करने पर आपको दिख जाएगा कि बीच वाले 60 प्रतिशत लोगों का समूह अगर शीर्ष समूह के एक-तिहाई क़रीब भी पहुँच जाए, तो इसी से कितना ज़्यादा असर पड़ेगा।

इसी तरह, वाटसन-वायट के कारोबारी प्रदर्शन के वृहद सर्वे बताते हैं कि “बड़े उत्पादकता लाभ हासिल करने की कुंजी है कर्मचारियों के मध्यम समूह की संलग्नता बढ़ाना - जिसमें 60 प्रतिशत मूल योगदानकर्ता होते हैं।”[21]

ख़ुद हिसाब लगाकर देखें। अपने संगठन के शीर्षस्थ 20 प्रतिशत प्रदर्शन करने वालों को लें। आपके मुनाफ़े के लिए इसका क्या अर्थ होगा, अगर बीच वाले 60 प्रतिशत भी उन शीर्षस्थ 20 प्रतिशत लोगों के स्तर पर प्रदर्शन करें ? या उनके बीच की खाई को आधा भी भर सकें ?

“बीच वाले हिस्से” का - अपने प्रदर्शन को “दाएँ और चुस्त” तक ले जाने के लिए - आपको दो चीज़ें करनी चाहिए :

1. **उत्कृष्टता के पड़ावों को पहचानें।** आपके संगठन में लोग किस जगह पहले से ही असाधारण प्रदर्शन कर रहे हैं ? “दाएँ और चुस्त” वाले कर्मचारी बाक़ी संगठन को क्या सिखा सकते हैं ?

2. **टीम से पूछें कि प्रदर्शन को कैसे बेहतर बनाना है।** टीम के सदस्यों से बेहतर कोई नहीं जानता कि कौन सी चीज़ बेहतर, ज़्यादा तेज़ी से और कम लागत में की जा सकती है।

आइए इन चरणों में से प्रत्येक पर नज़र डालते हैं।

1. उत्कृष्टता के पड़ावों को पहचानें।

अधिकतर मामलों में प्रदर्शन को बेहतर बनाने का सबसे बड़ा अवसर अधिक कर्मचारियों से वही करवाना है, जो शीर्षस्थ 20 प्रतिशत पहले से ही करते हैं। ये किसी संगठन में "उत्कृष्टता के पड़ाव" हैं। ये वे "असाधारण लोग" हैं, जो औसत से बहुत बेहतर प्रदर्शन करते हैं। कई बार यह परिवेश की वजह से होता है - अमीर इलाक़े का स्टोर ए ग़रीब इलाक़े के स्टोर बी से शर्तिया बेहतर प्रदर्शन करता है। लेकिन जब आप नियंत्रण के बाहर की चीज़ों को हटा देते हैं, तो कुछ इकाइयाँ बस खड़ी रहती हैं। यह पूरी तरह संभव है कि ख़राब परिवेश वाला स्टोर अपनी संभावनाओं को अमीर इलाक़े में बने स्टोर ए से ज़्यादा अच्छी तरह पूरा कर रहा हो। अगर मामला यह है, तो हम सभी स्टोर बी से कुछ सीख सकते हैं।

अपने संगठन पर एक नज़र डालें। आप अच्छी तरह जानते हैं कि एक-दो सेल्स से जुड़े लोग निरंतर ऊपर की ओर उठते हैं। एक प्रोजेक्ट टीम हमेशा रिकॉर्ड समय में उच्च कोटि का काम पूरा करती है। एक स्कूल साल दर साल पूरे ज़िले में बाक़ी स्कूलों को पीछे छोड़ देता है।

एक पल के लिए स्कूलों पर ग़ौर करें। शिक्षा में "बीच वाले हिस्से" को बेहतर रूप से संभालने के पुरस्कार ज़बर्दस्त हैं। मैकिन्ज़ी एंड कंपनी का अनुमान है कि अगर ऐतिहासिक दृष्टि से अमेरिकी शिक्षा के मानदंड फ़िनलैंड और दक्षिण कोरिया जैसे देशों के मानदंडों

के समान होते, तो 2008 में अमेरिका का जीडीपी 1.3 ट्रिलियन से 2.3 ट्रिलियन डॉलर ज़्यादा होता।[22]

द न्यू यॉर्क टाइम्स के टॉमस फ्राइडमैन कहते हैं :

> आज अमेरिका में शिक्षा के क्षेत्र में शिक्षक भुगतान की नई प्रणालियों, चार्टर स्कूलों से लेकर देश भर के स्कूली ज़िलों तक बहुत सारे रोमांचक नवाचार हो रहे हैं। ये नवाचार बेहतर उपायों, बेहतर प्राचार्यों और बेहतर मानदंडों के आधार पर वास्तविक सुधार दर्शा रहे हैं। समस्या यह है कि वे बहुत बिखरे हुए हैं।[23]

चुनौती इन उत्कृष्टता के पड़ावों को नए राष्ट्रीय मानकों में बदलने की है।

यह आपकी भी चुनौती है : उत्कृष्टता के पड़ावों को अपने संगठन में मानक कैसे बनाएँ? यहाँ पर कुछ सुझाव दिए जा रहे हैं :

- पड़ावों को पहचानें। उनसे मिलें, उनका अध्ययन करें, उनसे बातचीत करें। पता लगाएँ कि वे क्या भिन्न करते हैं। अपने निष्कर्ष संप्रेषित करें।
- प्रदर्शन के पैमाने ऊँचे कर दें। ऐसे प्रदर्शन के लक्ष्य तय करें, जो शीर्ष 20 प्रतिशत के औसत के क़रीब या समान हों। इन लक्ष्यों को स्पष्ट कर दें और उन्हें हासिल करने के लिए ऊपर बताए अमल तंत्र का इस्तेमाल करें।
- प्रदर्शन लक्ष्यों को पूरा करने के लिए प्रोत्साहन दें। बहुत सारी प्रदर्शन समीक्षाएँ "उत्कृष्ट" या "अपेक्षाएँ पूरी करता है" जैसी अस्पष्ट रेटिंग के साथ ख़त्म होती हैं, जबकि हर कोई जानता है कि इस तरह की रेटिंग का कोई अर्थ नहीं है।
- सर्वश्रेष्ठ प्रदर्शन करने वालों को दूसरों के मार्गदर्शन का काम सौंप दें।

मैकिन्ज़ी का निष्कर्ष यह है : "जब समान कार्यों में प्रदर्शन में बहुत भिन्नता हो, तो कारगर को न्यूनतम मानदंड बना लें और अमल करने के अथक प्रयास करें। इससे आप प्रदर्शन को बहुत ऊपर उठा सकते हैं।"

विसंगति यह है कि अधिकतर संगठनों में ऐसे लोग और इकाइयाँ होती हैं, जो पहले से ही बेहतरीन प्रदर्शन कर रही हैं। लीडर के रूप में आपका काम उन लोगों और इकाइयों को हिलाना है, जो वर्तमान से बेहतर प्रदर्शन कर सकते हैं। आपको इन्हें बेहतरीन प्रदर्शन करने वालों की दिशा में ले जाना है। तब आप इस बारे में चिंता नहीं करेंगे कि क्या कारगर नहीं है। तब तो आप अपने संगठन के हुलिए को बदलता हुआ देखेंगे।

2. टीम से पूछें कि प्रदर्शन को कैसे बेहतर बनाना है।

प्रदर्शन को बेहतर कैसे बनाना है, यह सवाल उन्हीं लोगों से पूछना सबसे अच्छा रहता है, जो ख़ुद उस काम को करने वाले हैं। आपके संगठन की जान बीच वाले हिस्से में है। वे ही अधिकतर काम करते हैं, वे ही अधिकतर ग्राहकों तक पहुँचते हैं, वे ही मैदान को जानते हैं।

लेनोवो के पूर्व सीईओ बिल अमेलियो कहते हैं, "हमें यह सुनिश्चित करना चाहिए कि हमारे संगठन में हमारा ज्ञान, निर्णय लेने की योग्यता और क़ाबिलियत विकेंद्रीकृत रहे, ताकि ज़मीन के बहुत क़रीब रहने वाले लोग बेहतरीन काम कर सकें।"[24]

यदि आप किसी टीम के प्रदर्शन को बेहतर बनाना चाहते हैं, तो ज़रा बताएँ कि उनकी सफलता के बारे में उनसे पूछना कितना मुश्किल है? उनकी बातों में छिपे ज्ञान और उनकी प्रतिक्रियाओं की उत्सुकता से आप हैरान हो सकते हैं। असफलताओं पर बहुत ज़्यादा ध्यान केंद्रित करने के बजाय उनसे उनकी सफलता की कहानियाँ पूछें। सफलता की कहानियों के इर्द-गिर्द बनी संस्कृति के असाधारण

प्रदर्शन करने की अधिक संभावना होती है।[25]

जब आप सुधार के अवसरों में टीम को अधिक से अधिक शामिल करते हैं, तो आप प्रदर्शन के संदर्भ में न सिर्फ़ बीच वाले लोगों का बेहतर प्रबंधन कर पाएँगे, बल्कि "मध्यम दर्जे की मानसिकता" से बाहर निकलने में भी उनकी मदद करेंगे। अपवाद हो सकते हैं - और अगर ऐसा है, तो आप उन्हें नौकरी से निकालने के बारे में सोच सकते हैं - लेकिन वास्तव में बहुत कम लोग दोयम दर्जे का बने रहना चाहते हैं। आपकी टीम के अधिकतर सदस्य मूल्यवान योगदान देना चाहते हैं - अपने काम में उद्देश्य खोजना चाहते हैं।

आपकी टीम के अधिकतर सदस्य मूल्यवान योगदान देना चाहते हैं – अपने काम में उद्देश्य खोजना चाहते हैं।

दोयम बनना अपनी संभावना से कमतर रहना है। हम सभी के पास एक आश्चर्यजनक चमत्कारी "हार्डवेयर" है - एक शरीर, मस्तिष्क, हृदय और आत्मा जो सृष्टि में अनूठा तालमेल है। हमारे ऑफ़िस के कामों (वह "सॉफ्टवेयर" जो संगठन हमें थमाता है) से अधिक करने के लिए इस हार्डवेयर का शायद ही कभी आह्वान किया जाता है। नतीजा यह होता है कि हमारे भीतर की वृहद क्षमताओं का दोहन नहीं हो पाता है और वे कुम्हला जाती हैं, बर्बाद हो जाती हैं।[26]

लीडर के रूप में आपका काम टीम के सर्वश्रेष्ठ संभव योगदान का दोहन करना है। महान टीमें टेबल पर कुछ नहीं छोड़ती हैं। लीडर के रूप में आपकी सबसे बड़ी विरासत बेहद महत्वपूर्ण लक्ष्य द्वारा परिभाषित छरहरी, शक्तिशाली टीम हो सकती है - वह टीम जिसने तब रेस जीती, जब रेस सबसे मुश्किल थी; वह टीम जिसने पर्वत के सामने हार नहीं मानी।

रणनीति अमल योजना

ये सवाल स्पष्टता से बताते हैं कि आपको रणनीति के उत्कृष्ट अमल को सुनिश्चित करने के लिए कौन से कार्य करने होंगे। हर प्रश्न पर विचार करने के लिए समय लें। अपने संगठन के बॉस, अपनी टीम और अपने साथियों से सवाल पूछें।

1. **शीर्ष लक्ष्यों पर ध्यान केंद्रित करें।**
    - हमारे संगठन के सबसे महत्वपूर्ण एक, दो या तीन लक्ष्य कौन से हैं - ऐसे लक्ष्य जिन्हें हासिल करना ही है, वरना हम जो कुछ भी हासिल करेंगे, वह दरअसल ज़्यादा महत्वपूर्ण नहीं होगा?
    - संगठन शीर्ष लक्ष्यों तक पहुँच जाए, यह सुनिश्चित करने के लिए मेरी टीम को कौन से एक, दो या तीन लक्ष्य हासिल करने की ज़रूरत है?
    - हर लक्ष्य के लिए वे पिछले क़दम क्या हैं, जो सफलता के सूचक हैं? ('इस बिंदु से उस बिंदु तक कब तक पहुँचेंगे' इस फ़ॉर्मूले का इस्तेमाल करके उन्हें व्यक्त करें।)

2. **सुनिश्चित करें कि हर व्यक्ति जानता हो कि इन लक्ष्यों को हासिल करने के लिए कौन सा निश्चित काम करना है।**
    - हर लक्ष्य के लिए वे एक, दो या तीन काम कौन से हैं, जिन्हें हमें लक्ष्य हासिल करने के लिए टीम के रूप में करने की ज़रूरत है?
    - हम अगले क़दमों का पता कैसे लगाएँगे - यानी, उन कार्यों की सफलता के पैमाने क्या हैं?

3. स्कोर रखें

- हम पिछले और अगले क़दमों को प्रदर्शित कैसे करेंगे?
- हम स्कोरबोर्ड का संधारण कहाँ, कब और कैसे करेंगे?

4. फ़ॉलो-थ्रू का नियमित चक्र स्थापित करें।

- लक्ष्यों पर प्रगति की जवाबदेही के लिए हम नियमित टीम मीटिंग्स कब और कहाँ आयोजित करेंगे?

"बीच वालों को" प्रबंधित करने की योजना

यह उपाय आपकी टीम या संगठन के बीच वाले कर्मचारियों के प्रदर्शन को सुधारने में आपकी मदद करेगा।

1. 'इस बिंदु से उस बिंदु तक कब तक पहुँचेंगे' फ़ॉर्मूले का इस्तेमाल करके चार्ट पर "बीच वालों को" प्रबंधित कर "दाईं और चुस्त" वाली स्थिति में ले जाने का लक्ष्य तय करें।

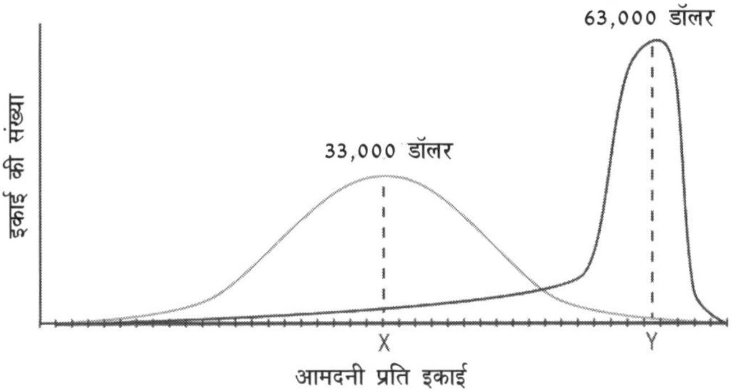

सैंपल चार्ट : इस संगठन में प्रमुख प्रदर्शन सूचक प्रति इकाई आमदनी है (हज़ार डॉलर में)। प्रति इकाई वर्तमान औसत आमदनी 33,000 डॉलर (एक्स) है। चाही गई प्रति इकाई

आमदनी 63,000 डॉलर (वाय) है, जो शीर्षस्थ 20 प्रतिशत का औसत है।

अ. चार्ट पर अपने संगठन के हर यूनिट के लिए प्रमुख प्रदर्शन सूचक व्यवस्थित कर दें। इससे आपको एक सामान्य वितरण ग्राफ़ मिल जाएगा। कर्व का शीर्ष एक्स है, जो आपका वर्तमान औसत है। (प्रमुख प्रदर्शन सूचक सेल्स ग्रुप के लिए आमदनी हो सकते हैं, वित्तीय समूह के लिए वसूली की गति हो सकते हैं, ग्राहक-सेवा समूह के लिए गुणवत्ता की रेटिंग्स हो सकते हैं आदि।)

ब. दाईं तरफ़ एक बिंदु वहाँ बनाएँ, जहाँ आप प्रदर्शन को एक निश्चित तारीख़ तक देखना चाहेंगे। उस कर्व का शीर्ष वाय है, जहाँ आपके शीर्षस्थ प्रदर्शक पहले ही हैं।

स. अपने लक्ष्य पर अमल करने के लिए ऊपर दी गई रणनीतिक अमल योजना का इस्तेमाल करें।

द. हर सप्ताह, अपनी प्रगति का ग्राफ़ बनाएँ। जब एक्स वाय की ओर हिलेगा, तो आप जान जाएँगे कि बीच वाला हिस्सा हिल रहा है।

2. अपने संगठन में "उत्कृष्टता के पड़ावों" को पहचानें।

- प्रमुख प्रदर्शन सूचकों को पूरे करने वाले "असाधारण लोग" कौन से हैं?
- औसत प्रदर्शन करने वालों को बेहतरीन लोगों के प्रदर्शन की ओर ले जाने के लिए आप क्या करेंगे?

3. टीम से पूछें कि प्रदर्शन को बेहतर कैसे बनाना है।

- आपको टीम सदस्यों से कैसे, कब और कहाँ जानकारी मिलेगी, जिससे प्रमुख प्रदर्शन सूचकों को बेहतर बनाया जा सके?

सीखने के लिए सिखाएँ

सीखने का सबसे अच्छा तरीक़ा सिखाना है। यह मानी हुई बात है कि शिक्षक विद्यार्थी से कहीं अधिक सीखता है। यदि आप इस अध्याय में सीखी हुई बातों को सचमुच आत्मसात करना चाहते हैं, तो अगले दिन किसी - कोई सहकर्मी, मित्र या परिवार के सदस्य - को खोजें और उसे ये ज्ञानवर्धक बातें सिखाएँ। यहाँ दिए गए विचारोत्तेजक प्रश्न पूछें या अपने ख़ुद के प्रश्न बना लें।

- किसी भी प्रतिस्पर्धात्मक स्थिति में पहली और दूसरी टीम के बीच आम तौर पर क्या फ़र्क़ होता है?
- कुछ टीमें और संगठन साल दर साल इतनी निश्चितता से अच्छा प्रदर्शन क्यों करते हैं, चाहे परिस्थितियाँ कैसी भी रहें?
- हर संगठन रणनीति बनाने के लिए कड़ी मेहनत करता है। तो फिर इतनी सारी अच्छी रणनीतियाँ असफल क्यों हो जाती हैं?
- कौन सी चीज़ अधिक महत्वपूर्ण है - अच्छी रणनीति या बेहतर अमल? क्यों?
- इनमें से क्या बेहतर है, बहुत सारे लक्ष्य होना, कम लक्ष्य होना या कोई लक्ष्य न होना? क्यों?
- लक्ष्य होना एक बात है - उसे कैसे हासिल करना है, यह पता होना दूसरी बात है। आप कैसे निर्णय लेते हैं कि लक्ष्य हासिल करने के लिए क्या करना है?
- पिछले पैमानों और अगले पैमानों के बीच क्या फ़र्क़ है? यदि आप कोई लक्ष्य हासिल करना चाहते हैं, तो आप किस पैमाने को अधिक ग़ौर से देखते हैं? क्यों?
- क्या बेहतर है - लीडर से सहयोग लिए बगैर टीम को

लक्ष्य का पीछा करने देना या प्रगति की नियमित और अक्सर जाँच करना? क्यों?

- आपकी सफलता पर किसका प्रभाव अधिक पड़ने की संभावना है – किसी बड़ी नई रणनीति का या उन चीज़ों को बेहतर करना, जिन्हें करने का तरीक़ा आप पहले से ही जानते हैं? क्यों?
- किसी संगठन में कर्मचारियों के प्रदर्शन में इतनी अधिक भिन्नता क्यों होती है? इस भिन्नता को कम करने और बेहतर परिणाम पाने के लिए आप क्या करेंगे?
- यदि आप लीडर होते, तो आप क्या करते, जिससे कर्मचारी सिर्फ़ आवश्यक काम करने की मानसिकता से उबरकर सच्चा योगदान देने की मानसिकता की ओर बढ़ते?

-2-

विश्वास की गति से चलें

"समाज में व्यापक अविश्वास... सभी प्रकार की आर्थिक गतिविधियों पर एक प्रकार का कर लगा देता है, एक ऐसा कर, जो उच्च–विश्वास वाले समाजों को नहीं चुकाना होता है।"

फ़्रांसिस फुकुयामा, अर्थशास्त्री

"पहाड़ों पर" विश्वास से ही सारा फ़र्क़ पड़ता है।

लंदन के ग्रेट ऑरमन्ड स्ट्रीट हॉस्पिटल ने बच्चों के सभी तरह के इलाज में 150 वर्षों की प्रतिष्ठा अर्जित की है, ख़ास तौर पर अति महत्वपूर्ण ऑपरेशनों के क्षेत्र में।

लेकिन कुछ वर्ष पहले एक समय ऐसा आया, जब हृदय के ऑपरेशन के बाद सात शिशु एक के बाद एक मर गए। ऑपरेशन करने वाली टीमों का मनोबल बुरी तरह टूट गया। स्पष्ट रूप से, कहीं न कहीं कुछ गड़बड़ थी। संकट के कारण न सिर्फ़ जनता का उन पर से विश्वास उठ रहा था, बल्कि ख़ुद पर से भी उनका विश्वास उठ रहा था।

इन असफलताओं की जाँच में काफ़ी शोध और आत्म–अवलोकन किया गया। जल्द ही उन्हें पता चला कि ऑपरेशन में सबसे

ख़तरनाक समय ऑपरेशन के दौरान या गहन चिकित्सा इकाई में नहीं था, बल्कि इन दोनों के बीच की यात्रा में था। डॉ. मार्टिन एलियट के अनुसार, "ऑपरेशन के बाद आपको शिशु के शरीर से बहुत सारे तार हटाने होते हैं, उसे ट्रॉली पर रखना होता है, गलियारे से नीचे ले जाना होता है, दूसरी किट के बहुत सारे तारों को उसके शरीर से दोबारा जोड़ना होता है और एक थकी हुई टीम नई टीम को बच्चे के बारे में बहुत सी जानकारियाँ देती है।"

एक हताशा भरे दिन के बाद सर्जनों की टीम थककर डॉक्टरों के कक्ष में बैठी थी। टेलीविज़न पर फ़ॉर्मूला वन ऑटो रेस आ रही थी। सर्जनों ने पर्दे पर एक उल्लेखनीय चीज़ देखी। और उनका ध्यान तुरंत आकर्षित हो गया - रेस से नहीं, बल्कि उससे, जो पिट में हो रहा था। जब चैंपियन ड्राइवर माइकल शूमाकर पिट में आए, तो फ़रारी रेसर की सर्विसिंग टीम इस तरह काम में जुट गई, जैसे वे सब एक ही इंसान के अलग-अलग अंग हों।

डॉक्टर आगे झुककर पर्दे को घूरते रहे। वे पिट में काम करने वाले कर्मीदल की गति, कार्यकुशलता और पूर्ण सटीकता से अचंभित थे।

डॉ. एलन गोल्डमैन बताते हैं, "कई आदमी बहुत संगठित होकर अंदर आए, उन्होंने टायर बदले, ईंधन भरा, बहुत सी जानकारी का आदान-प्रदान किया और शूमाकर 6.8 सेकंड में दोबारा चल पड़ा।" डॉक्टर आगे झुककर पर्दे को घूरते रहे। वे पिट में काम करने वाले कर्मीदल की गति, कार्यकुशलता और पूर्ण सटीकता से अचंभित थे। डॉ. गोल्डमैन कहते हैं, "और यह हमें उस प्रक्रिया से बहुत मिलती-जुलती लगी, जिससे हम गुज़र रहे थे।"[27]

फ़ॉर्मूला वन रेसिंग जगत में जीतने और हारने के बीच का फ़र्क़ एक सेकंड के दसवें, यहाँ तक कि सौवें हिस्से में नापा जाता है। हालाँकि आम तौर पर शोहरत जीतने वाले ड्राइवर्स को ही मिलती

है, लेकिन दरअसल यह टीम प्रयास होता है, जो इतना सूक्ष्म अंतर पैदा करता है।

ड्राइवर को पिट में समय-समय पर रुकना होता है, जहाँ लगभग 20 उच्च प्रशिक्षित लोगों की टीम जैक लगाकर कार को ऊपर उठाती है, चारों टायर बदलती है, टैंक में ईंधन भरती है और तुरंत मरम्मत करती है। स्पष्ट रूप से, उन्हें यह यथासंभव शीघ्रता से करना होता है - अगर कार पिट में 10 सेकंड रुकती है, तो इतने समय में प्रतिस्पर्धी कारें लगभग आधा किलोमीटर आगे निकल जाएँगी। फ़रारी संसार की सर्वश्रेष्ठ टीमों में से एक है और उनकी उच्च-गति की सटीकता ने लंदन के डॉक्टरों का ध्यान आकर्षित किया।

डॉ. गोल्डमैन कहते हैं, "मैंने उनसे संपर्क किया। फिर हम इटली गए और उन्हें अपनी प्रक्रियाओं के वीडियो दिखाए।"

फ़रारी के लोग यह देखकर दंग रह गए कि यह सब कितना अव्यवस्थित था - कोई भी प्रभारी नहीं था, बहुत सारी बातचीत हो रही थी, बहुत सारे लोग एक दूसरे के रास्ते में आ रहे थे, कुल मिलाकर पूरा तंत्र अस्पष्ट था।

एक मैकेनिक कहता है, "जब हमने पहली बार सर्जिकल टीम का वीडियो देखा, तो मैंने सोचा, 'ओह, वे निश्चित रूप से बुरी तरह अव्यवस्थित हैं।' हमने वीडियो में देखा कि लोग कहाँ खड़े थे, वे क्या कर रहे थे, जब वे बस इंतज़ार कर रहे थे... इसलिए जब अप्रत्याशित हुआ, तो उन्हें चकराते देखना कोई हैरानी की बात नहीं थी।"

डॉ. एलियट कहते हैं, "हम डॉक्टरों को मदद करने का प्रशिक्षण दिया जाता है। इसलिए जब मरीज़ ऑपरेटिंग रूम से आईसीयू में वापस लौटता है, तो यह हर एक के लिए एक नई चुनौती होती है। हम सभी बिस्तर के आस-पास भागते हैं, एक-दूसरे के रास्ते में आते हैं, सभी बातचीत करते हैं और मदद की कोशिश करते हैं।

"यह बुनियादी तौर पर फ़ॉर्मूला वन के कर्मीदल के काम करने के तरीक़े से ठीक विपरीत है। वे अपना काम जानते हैं। हर व्यक्ति अपना काम करता है। वे चुपचाप इसे करते हैं और फिर रास्ते से हट जाते हैं।

"वे एक दूसरे पर विश्वास करते हैं।"

सर्जरी टीम ने जल्दी ही सीख लिया और बहुत कम समय में ही एक सिस्टम लागू किया, जिसमें विस्तार से बताया गया कि कौन क्या करे और किस क्रम में करे। अब हर काम केंद्रित और उपयोगी होता है; हर एक को योगदान देना होता है। ऑपरेटिंग रूम की एक नर्स कहती है, "अब हमें सटीकता से पता होता है कि किसी समय पर कोई चीज़ कहाँ होने वाली है, जबकि पहले यह बहुत बेतरतीब था।"

आज ग्रेट ऑरमंड स्ट्रीट हॉस्पिटल की हृदय रोग चिकित्सकों की टीम संसार की सबसे विश्वसनीय टीमों में से एक है। संकट काल में आप बिना किसी शक के विश्वासपूर्वक अपने बच्चे का जीवन उनके हवाले कर सकते हैं।

ग़लतियाँ आधी हो गईं। रोगी लाभान्वित हुए। "उन्हें बेहतर होते देखना और परिणामों को नाटकीय रूप से सुधरते देखना – यह बस जादू है," डॉ. एलियट संतुष्टि के साथ कहते हैं।[28]

विश्वास का संकट

आज ग्रेट ऑरमंड स्ट्रीट हॉस्पिटल की हृदय रोग चिकित्सकों की टीम संसार की सबसे विश्वसनीय टीमों में से एक है। संकट काल में आप बिना किसी शक के विश्वासपूर्वक अपने बच्चे का जीवन उनके हवाले कर सकते हैं।

लेकिन हमेशा ऐसा नहीं था। उनका रिकॉर्ड एक सा नहीं था।

पुराने दिनों में आप अपना बच्चा उनके हवाले करने से पहले दो बार सोच सकते थे। आप विश्वास करने में हिचकते। आप किसी दूसरी जगह जा सकते थे।

ऐसा नहीं है कि टीम के सदस्य भरोसे के क़ाबिल नहीं थे। वे सर्वोच्च नैतिक चरित्र वाले इंसान थे और हैं। लेकिन उनके तंत्र और प्रक्रियाएँ उतनी विश्वसनीय नहीं थीं, जितनी कि हो सकती थीं। विश्वास में नैतिकता के अलावा भी बहुत कुछ होता है।

विश्वास हमेशा दो नापने योग्य परिणामों पर असर डालता है : गति और लागत। जब विश्वास नीचे आता है, तो गति भी नीचे आती है और लागत ऊपर को चली जाती है। अविश्वास हर चीज़ को धीमा कर देता है। बिक्री धीमी हो जाती है, ग्राहक ठंडे पड़ जाते हैं और टीम के सदस्य हताश हो जाते हैं या पूरी तरह छोड़कर चले जाते हैं। अविश्वास की लागतें कठोर होती हैं। अगर आप पर अविश्वास किया जाता है, तो लोग आपके साथ कारोबार करने से इंकार कर देंगे, आमदनी की पाइपलाइन में बर्फ़ जम जाएगी और कुछ चरम स्थितियों में आपकी कंपनी बंद हो जाएगी।

अविश्वास वैश्विक स्तर तक फैल चुका है। विश्वास के संकट ने अर्थव्यवस्था को तबाह कर दिया है। द वर्ल्ड ईकोनॉमिक फ़ोरम "विश्वास के संकट" को इस दशक में संगठनों की नंबर वन चुनौती मानता है। 2009 की कॉन्फ़्रेंस बोर्ड रिपोर्ट में कारोबारी विश्वास को सीईओ की सबसे बड़ी चिंताओं में से एक बताया गया है - इस दशक के पूर्वार्ध में यह चिंता नज़र ही नहीं आती थी।[29]

> निहित विश्वास के कारण फ़ॉर्मूला वन पिट का कर्मीदल सेकंडों में वह काम कर सकता है, जिसे करने में अधिकतर लोगों को घंटों लग जाएँगे।

हम विश्वास के मुद्दे पर बड़े कॉरपोरेशन्स का पतन होते देख

चुके हैं। हम शेयर बाज़ारों में विश्वास की वजह से हुए अभूतपूर्व नुक़सान को देख चुके हैं। हम वैश्विक अर्थव्यवस्था को इस हद तक धीमा होते देख चुके हैं, जहाँ ऋण का प्रवाह पूरी तरह थम जाता है।

लेकिन इस पुस्तक में हमारा उद्देश्य आपकी देखी हुई इन सारी घटनाओं पर "दहशत के संकेत" करना नहीं है। हमारा उद्देश्य तो अनिश्चित दौर में निश्चित परिणाम पाने में आपकी मदद करना है। और जो संगठन निश्चित परिणाम पाते हैं, वे वही हैं, जिनके स्टेकहोल्डर्स उन पर विश्वसनीय तरीक़ों से व्यवहार करने पर भरोसा कर सकते हैं।

अविश्वास हर चीज़ को धीमा कर देता है और लागत को बढ़ा देता है। लेकिन इसका विपरीत भी सच है। विश्वास हर चीज़ की गति को बढ़ा देता है और लागत को कम कर देता है। आप जिस व्यक्ति पर सचमुच भरोसा करते हैं, उससे हाथ मिलाकर चंद मिनटों में ही उसके साथ कारोबार कर सकते हैं। निहित विश्वास के कारण फ़ॉर्मूला वन पिट का कर्मीदल सेकेंडों में वह काम कर सकता है, जिसे करने में अधिकतर लोगों को घंटों लग जाएँगे।

विश्वास के टैक्स और विश्वास के डिविडेंड्स

गहन परिस्थितियों में फ़ॉर्मूला वन पिट स्टॉप और आपके टीमवर्क के बीच बहुत सारी समानताएँ होती हैं। आपको तेज़ी से जटिल निर्णय लेने होते हैं, जबकि टीम के सदस्य समय के दबाव में अलग-अलग काम कर रहे होते हैं। और आपको पूरी तरह विश्वसनीय होना होता है, वरना लोग जल्द ही आपमें विश्वास खो देंगे।

विश्वास के विषय पर विशेषज्ञ स्टीफ़न एम. आर. कवी ने अपनी पुस्तक *द स्पीड ऑफ़ ट्रस्ट* में इस तरह से लिखा है :

विश्वास के अर्थशास्त्र का गंभीर, व्यावहारिक असर यह

> होता है कि कई संबंधों में, कई व्यवहारों में हम कम विश्वास का छिपा हुआ कर चुका रहे हैं... अविश्वास कारोबार करने की लागत को दोगुना कर देता है।
>
> मैं यह भी सुझाव देता हूँ कि जिस तरह कम विश्वास द्वारा उत्पन्न कर वास्तविक, नापने योग्य और बहुत ऊँचा है, उसी तरह उच्च विश्वास के डिविडेंड्स भी वास्तविक, नापने योग्य और अविश्वसनीय रूप से ऊँचे हैं... जब विश्वास ऊँचा होता है, तो आपको जो डिविडेंड मिलता है, वह प्रदर्शन को कई गुना करने जैसा है, जिससे आपके संगठन का हर पहलू ऊपर उठ जाता है और बेहतर हो जाता है।[30]

उच्च विश्वास वाली टीम या संगठन को मिलने वाले आर्थिक डिविडेंड्स के बारे में सोचें। वे ज़्यादा माल बेचते हैं, क्योंकि सतत गुणवत्ता के कारण उनके प्रॉडक्ट्स और सेवाओं को ज़्यादा मूल्यवान माना जाता है। कैशफ्लो बेहतरीन होता है, क्योंकि आनंदित ग्राहक स्वेच्छा से और तुरंत अपने बिल चुका देते हैं। लागत कम होती है, क्योंकि सप्लायर्स उनके साथ कारोबार करना पसंद करते हैं। ग्राहक वफ़ादार होते हैं, क्योंकि वे जानते हैं कि उन्हें जो मिलता है, उससे वे आनंदित होने जा रहे हैं।

> **अविश्वास कारोबार करने की लागत को दोगुना कर देता है।**

अब कम विश्वास वाली टीम या संगठन द्वारा चुकाए जाने वाले छिपे हुए टैक्स के बारे में सोचें। असमान गुणवत्ता वाले प्रॉडक्ट्स या सेवाओं की बिक्री धीमी रहती है। कैशफ्लो के क्षेत्र में ग्राहकों

> **प्रमाण दर्शाता है कि जब अर्थव्यवस्था धीमी होती है, तो सफल होने वाली कंपनियाँ दरअसल ज़्यादा तेज़ हो जाती हैं।**

की शिकायतों, विलंब और भुगतान से सीधे इंकार करने की बाधाएँ आती हैं। लागत बढ़ जाती है, क्योंकि सप्लायर्स में विश्वास का अभाव होता है। ग्राहक पाला बदल लेते हैं।

प्रमाण दर्शाता है कि जब अर्थव्यवस्था धीमी होती है, तो सफल होने वाली कंपनियाँ दरअसल ज़्यादा तेज़ हो जाती हैं। संकटों का सामना करते समय महान कंपनियाँ सक्रियता से और जान-बूझकर विश्वास का निर्माण करती हैं तथा पहले से अधिक पारदर्शिता दिखाती हैं। इसके अलावा, वे तेज़ी से कार्य करती हैं। वे उन बाधाओं को लाँघने में समर्थ होती हैं, जो कम विश्वसनीय कंपनियों को रोक लेती हैं। 2008 में बाज़ार गिरने के दौरान ऐसी कंपनियों के शेयर का भाव 24 प्रतिशत बढ़ गया था![31]

आप विश्वास के टैक्स चुका रहे हैं या विश्वास के डिविडेंड कमा रहे हैं?

अब आप सोच रहे हैं, "हम इस बारे में बात क्यों कर रहे हैं? ज़ाहिर है, मेरी टीम विश्वास के क़ाबिल है। वे बेहतरीन लोग हैं और वे जानते हैं कि उन्हें अपना काम कैसे करना है।"

लेकिन आपको ख़ुद से पूछना चाहिए, "क्या मेरी टीम वाक़ई विश्वसनीय है? क्या उत्कृष्टता के साथ काम करने के मामले में हम पर भरोसा किया जाता है? क्या टीम का हर व्यक्ति उस काम को जानता है जो किया जाना है? क्या हर तंत्र उस काम को करने के लिए सटीकता से दिशाबद्ध है?

"हम विश्वास के टैक्स चुका रहे हैं या विश्वास के डिविडेंड्स कमा रहे हैं?"

आप कहाँ विश्वास के टैक्स चुका रहे हैं और कहाँ विश्वास के डिविडेंड्स कमा रहे हैं, इसके कुछ उदाहरणों पर ग़ौर करें :

	टैक्स	डिविडेंड्स
ग्राहक निष्ठा	दूसरे विकल्प होने पर ग्राहक पाला बदल लेते हैं।	रिपीट बिज़नेस आपकी आमदनी का महत्वपूर्ण हिस्सा होता है।
नियुक्ति	आपके कर्मचारियों के नौकरी छोड़कर जाने की दर असामान्य होती है।	लोग आपके यहाँ काम करने के लिए लालायित रहते हैं और एक बार आने के बाद रुके रहते हैं।
बाज़ार में गति	आपको सेवाएँ प्रदान करने या प्रॉडक्ट को दरवाज़े के बाहर पहुँचाने में काफ़ी समय लगता है।	सेवाएँ तुरंत प्रदान की जाती हैं। उत्पाद विकास सुचारु और समयबद्ध होता है; यह हर वक़्त बेहतर होता जाता है।
मीटिंग्स	बहुत सारी दलबंदी और राजनीति होती है। कर्मचारी अपनी "रक्षा" करने की आवश्यकता महसूस करते हैं।	मीटिंग्स खुली और पारदर्शी होती हैं। कर्मचारी अपने विचार व्यक्त करने में सुरक्षित महसूस करते हैं।
बिक्री चक्र	धीमी, झिझक की वजह से खिंचने वाली, लंबी सौदेबाज़ी और सावधानी से गढ़ी गई क़ानूनी शब्दावली।	सुव्यवस्थित और सरल - ख़रीददार आपके साथ खुलकर पेश आते हैं और आप पर विश्वास करते हैं।

सबसे विश्वसनीय कंपनियाँ वे हैं, जिनके पास बाज़ार में प्रतिस्पर्धी लाभ है। वे विश्वास के बड़े डिविडेंड्स कमाती हैं। क्या विश्वास आपके लिए एक प्रतिस्पर्धी लाभ है?

दो टीमों की कहानी

अब काम करने वाली दो टीमों की कल्पना करें : एक उच्च विश्वास वाली टीम और एक कम विश्वास वाली टीम - दोनों ही एक महत्वपूर्ण ख़रीददारी करने जा रही हैं। इन टीमों में परचेज़ ऑर्डर की प्रगति पर ग़ौर करें।

उच्च विश्वास वाली टीम में ख़रीददारी का निर्णय करने वाली मीटिंग फटाफट होती है और मुद्दे तक सीमित रहती है, क्योंकि वहाँ पर पारदर्शिता और सीधी बात है, कोई घुमाव-फिराव या दलबंदी नहीं है। चूँकि कर्मचारी अपनी राय व्यक्त करने के लिए स्वतंत्र महसूस करते हैं, इसलिए यह समझना भी मुश्किल होता है कि बॉस कौन है।

चूँकि दूसरे लोग इस टीम पर भरोसा करते हैं, इसलिए परचेज़ ऑर्डर संगठन में इधर से उधर जल्दी पहुँचता है। उच्च विश्वास वाले संगठनों में बस दो हस्ताक्षरों की ज़रूरत होती है और परचेज़ ऑर्डर एक दिन में निकल जाता है।

दूसरी ओर, कम विश्वास वाली टीम की मीटिंग लंबी खिंचती है, क्योंकि वहाँ सीधी बात ही नहीं होती। मीटिंग से बाहर निकलते समय लोग योजना के बारे में अस्पष्ट रहते हैं। कुछ मीटिंग के बाहर जाकर "ऑफ़लाइन" दूसरी मीटिंग करते हैं, ताकि पहली मीटिंग के बारे में बात की जा सके और यह पता लगाया जा सके कि वास्तव में क्या निर्णय लिया गया था। इससे बहुत सारे ईमेल, निजी स्वार्थ, राजनीति और निंदा उत्पन्न होती है।

> **आपका संगठन इस वक़्त जैसा भी हो, आप उच्च विश्वास के व्यवहार के "पिट के कर्मीदल जैसी मानसिकता" बना सकते हैं।**

परिणाम? देखिए, परचेज़ ऑर्डर की शुरुआत में ही एक घंटे के बजाय एक सप्ताह लग जाता है। यही नहीं, चूँकि टीम पर विश्वास नहीं किया जाता है, इसलिए परचेज़ ऑर्डर कई स्तरों पर धीरे-धीरे बढ़ता है, क्योंकि उस पर दोबारा सोच-विचार होता है। इस कम विश्वास वाले संगठन में पाँच हस्ताक्षरों की ज़रूरत होती है और परचेज़ ऑर्डर को पूरी तरह बाहर निकलने में हफ़्तों लग जाते हैं।

आपका संगठन इस वक़्त जैसा भी हो, आप उच्च विश्वास

के व्यवहार के "पिट के कर्मीदल जैसी मानसिकता" बना सकते हैं। आप एक ऐसी टीम बन सकते हैं, जिस पर दूसरे लोग बिना सवाल किए भरोसा कर सकें, एक ऐसी टीम जिसमें हर कोई रहना चाहे, एक ऐसी टीम जिसमें "विश्वास की गति" हो।

विश्वास कोई आसान मुद्दा नहीं है - यह तो गति और लागत का कठोर, मुनाफ़े वाला मुद्दा है। इसे नापा जा सकता है और सही दिशा में ले जाया जा सकता है।

विश्वास को तेज़ी से बनाना और इसके फलस्वरूप मिलने वाले डिविडेंड्स कमाना संभव है। समाधान है विश्वास बनाने का सुनियोजित अभियान छेड़ना।

विश्वास को दोबारा बनाना

जिस फ़ॉर्मूला वन टीम ने ग्रेट ऑरमंड स्ट्रीट हॉस्पिटल के डॉक्टरों को प्रेरित किया, वह अविश्वसनीय गति और सटीकता वाली टीम थी। लेकिन यह हमेशा वैसी नहीं थी।

1990 के दशक के मध्य में फ़रारी हारने वाली टीम हुआ करती थी। उन्होंने लगभग 20 सालों से एक भी फ़ॉर्मूला वन टाइटल नहीं जीता था। टीम "एक-दूसरे की पीठ पर वार करने" के लिए कुख्यात थी, जिसकी वजह से प्रेस में इसकी अक्सर आलोचना होती थी। टीम में कोई भी किसी दूसरे पर भरोसा नहीं करता था। साथ ही, टीम इसके "निराधार आशावाद" के लिए भी जानी जाती थी। यह ख़ुद को संसार में सर्वश्रेष्ठ मानती थी, हालाँकि इसका रिकॉर्ड दोयम दर्जे का था और सारे प्रमाण इसे सर्वश्रेष्ठ से कम बता रहे थे। फ़रारी पिट के कर्मीदल का प्रदर्शन एक मज़ाक़ माना जाता था।

लेकिन फिर 1996 में हर चीज़ बदल गई। नए सीईओ लूका डी मॉन्टेज़ेमोलो ने फ़रारी की प्रतिष्ठा को पुनर्जीवित करने का निर्णय लिया। यह चमत्कार करने के लिए उन्होंने खेल जगत के

कुछ सर्वश्रेष्ठ लोगों को प्रलोभन देकर फ़रारी में बुलाया और उन्होंने सचमुच चमत्कार कर दिया।

किस चीज़ ने "कभी संघर्ष करती टीम को फ़ॉर्मूला वन इतिहास की सबसे सफल टीम में बदला?"[32]

उन्होंने जो पहला काम किया, वह था अंदरूनी झगड़े ख़त्म करना और वास्तविकताओं का सामना करना : एक कमज़ोर ट्रैक रिकॉर्ड, पुरातनपंथी टेक्नोलॉजी और अति-संतुष्टि की संस्कृति। जल्द ही वे "एक संयुक्त तंत्र खड़ा करने में सफल हुए, जिसमें पहले की तरह निरंतर विवाद नहीं होते थे।"[33] इसके बाद चैंपियन ड्राइवर माइकल शूमाकर टीम को लगातार छह विश्व खिताबों की ओर ले गए, जो एक अभूतपूर्व उपलब्धि थी।

विश्वास बनाने के लिए चरित्र और सक्षमता दोनों के ही उच्च स्तरों की आवश्यकता होती है।

फ़रारी के सीईओ जानते थे कि बहुत सक्षम लोगों के होने पर ही वे बहुत अच्छे परिणाम हासिल कर सकते हैं। संकट में आपको अपने इर्द-गिर्द अपने सबसे अच्छे प्रदर्शकों की ज़रूरत होती है और उन्हें आपके विश्वास की ज़रूरत होती है। मॉन्टेज़ेमोलो ने फ़रारी के ऑटो स्पोर्ट्स डिवीज़न को सर्वश्रेष्ठ उपलब्ध कर्मचारियों को सौंपा। उन्होंने उन पर विश्वास किया कि वे रेसिंग की दुनिया में शिखर पर दोबारा पहुँचने के अपने वादे को निभाएँगे।

वास्तविकता का सामना करने और इसके बारे में सच्चाई बताने के लिए फ़रारी को चरित्र वाले लोगों की ज़रूरत भी थी। नई टीम ने अप्रिय वास्तविकताओं से ज़रा भी मुँह नहीं बिचकाया - वे इसके बारे में खुलकर बात करते थे। उन्होंने समस्याओं को स्वीकार किया और उनका सीधे सामना किया। इस पारदर्शिता से सत्य और एक दूसरे के प्रति सम्मान का एक नया नज़रिया उत्पन्न हुआ।

नई टीम के "संयुक्त तंत्र" का अर्थ था उनके तंत्रों और प्रक्रियाओं की मौजूदा काम से उचित दिशाबद्धता। पिट में कर्मीदल न सिर्फ़ समस्या के बड़े और अपेक्षित स्त्रोतों को ख़त्म करने पर अथक मेहनत करता था, बल्कि छोटी-छोटी, अप्रत्याशित समस्याओं को भी ख़त्म करने के लिए कृतसंकल्प रहता था, जो मिलकर उनके प्रदर्शन को धीमा कर देती थीं। हर रेस के बाद वे बातचीत के सत्र आयोजित करते थे, ताकि पिट स्टॉप से एक सेकंड के हिस्सों की कटौती करने के सतत प्रयास को जारी रखें, छोटी-छोटी ग़लतियों का रिकॉर्ड रखें और उन्हें दूर करें।

हर रेस के बाद वे बातचीत के सत्र आयोजित करते थे, ताकि पिट स्टॉप से एक सेकंड के हिस्सों की कटौती करने के सतत प्रयास को जारी रखें।

विश्वास उत्पन्न करने वाले तीन व्यवहार

विश्वास उत्पन्न करने के लिए मुश्किल समय में कंपनियों को क्या करना चाहिए, यह पूछने पर स्टीफ़न एम. आर. कवी विश्वास उत्पन्न करने वाले तीन व्यवहारों का सुझाव देते हैं : (1) पारदर्शिता उत्पन्न करें, (2) अपने वादे निभाएँ, और (3) अपनी टीम के प्रति विश्वास का विस्तार करें - ये वही व्यवहार हैं, जिन्होंने फ़रारी को मृत्यु के गर्त से ऊपर उठाया था।

पारदर्शिता उत्पन्न करें। "यह सत्य को इस तरह से बताना है कि लोग ख़ुद उसकी सच्चाई देख सकें और उसकी पुष्टि कर सकें। अगर विश्वास पहले से ही कम है, तो पारदर्शिता ख़ास तौर पर महत्वपूर्ण है, क्योंकि लोग बिना देखे किसी चीज़ पर भरोसा नहीं कर सकते। इसलिए उन्हें इसे देखने दें।"[34]

बहुत सारे छिपे हुए स्वार्थ होते हैं, बहुत सारी "दलबंदी" और चालबाज़ी होती है। जो कहा जाता है, उस पर विश्वास सबसे कम

स्तर पर होता है। स्टारबक्स के संस्थापक हॉवर्ड शुल्ट्ज़ ने टिप्पणी की है : “1960 के दशक में अगर कोई नया प्रॉडक्ट निकलता था, तो उसे पहली बार देखने वाले 90 प्रतिशत लोग कंपनी के वादे पर यक़ीन कर लेते थे। अब 40 साल बाद अगर आप यही काम करते हैं, तो 10 प्रतिशत से भी कम जनता इस पर यक़ीन करेगी कि यह सच है।”[35]

> **अब आप वादे अधूरे छोड़ने या तोड़ने के इतिहास को छिपा नहीं सकते।**

अपने वादे निभाएँ। जब आप किसी वादे को निभाने में असफल रहते हैं, तो विश्वास कम होता है और बहुत तेज़ी से कम होता है। वादे करने और निभाने के इस व्यवहार की आम नक़ल है अधिक वादे करना और कम निभाना - गतिविधियाँ करना, लेकिन परिणाम न देना। जब आप वादे के अनुरूप प्रदर्शन नहीं करते हैं, तो निराशा और अंततः अविश्वास का अहसास होता है।[36]

याद रखें, हर एक की तरह ही आप भी गूगल पर हैं। ग्राहक, निवेशक या संभावित कर्मचारी कुछ ही पलों में आपके ट्रैक रिकॉर्ड की जानकारी हासिल कर सकते हैं। अब आप वादे अधूरे रखने या तोड़ने के इतिहास को छिपा नहीं सकते। इस बारे में सावधान रहें कि आप कौन से वादे करते हैं और जो वादे करें, उन्हें निभाएँ।

विश्वास का विस्तार करें। विसंगति की बात यह है कि विश्वास उत्पन्न करने का एक अच्छा तरीक़ा इसका विस्तार करना है। इसके बावजूद कई लीडर्स विश्वास को रोककर रखते हैं, क्योंकि उन्हें सिर्फ़ ख़ुद पर भरोसा होता है। यहाँ पर चुनौती कौन सी है? अविश्वास में लौटकर आने की प्रवृत्ति होती है। जब दूसरे आप पर विश्वास नहीं करते हैं, तो आपमें भी बदले में उन पर विश्वास न करने की प्रवृत्ति होती है।[37]

नक़ली विश्वास सूक्ष्म-प्रबंधन का रूप ले लेता है। बेहतरीन

प्रदर्शक चाहते हैं कि उन पर विश्वास किया जाए; फिर वे बेहतरीन काम करेंगे। जो लोग बेहतरीन काम नहीं करते हैं, उनका क्या करें? संकट एक अच्छा समय है कि ऐसे लोगों को "पुल पार करने के लिए" आमंत्रित किया जाए या किसी दूसरी जगह पर रोज़गार खोजने को कहा जाए।

केस स्टडी : संकट काल में विश्वास को दोबारा लौटाना

जब ऐन मल्केही 2001 में ज़ेरॉक्स की सीईओ बनीं, तो वास्तविकताएँ कठोर थीं :

- भारी कर्ज़ (17.1 अरब डॉलर)।
- घटती बिक्री और कच्चे माल की ऊँची लागत।
- एक शर्मनाक अकाउंटिंग स्कैंडल, जिससे शेयर बाज़ार में विश्वास नष्ट हो रहा था।
- एक साल में शेयर का भाव 64 डॉलर से घटकर 4 डॉलर रह गया था।

अब शायद ही कोई ज़ेरॉक्स पर भरोसा करता था। ग्राहक और शेयरहोल्डर्स दूर भाग गए थे। मल्केही से उम्मीद थी कि वे कंपनी के दिवालिया होने तक बस देखभाल का काम करेंगी। हर कोई सोचता था कि वे अधिक से अधिक यह कर सकती थीं कि जूझती दैत्याकार कंपनी की व्यवस्थित मृत्यु होने तक कमान सँभाले रखें।

लेकिन ऐन मल्केही ने ज़ेरॉक्स को मरने नहीं दिया। इसके विपरीत, उन्होंने विश्वास को दोबारा बनाने के लिए एक पुरज़ोर अभियान शुरू किया।

कुछ ही सप्ताहों में उन्होंने एक लाख मील की यात्राएँ कीं, ज़ेरॉक्स के ग्राहकों और कर्मचारियों के साथ मुलाक़ातें कीं, कंपनी

के भविष्य के बारे में उठ रहे सवालों के सीधे और ईमानदार जवाब दिए। जैसा वे स्पष्ट करती हैं, "अगर आप अपने संवाद को घुमाते-फिराते और तोड़ते-मरोड़ते हैं, तो इससे लोगों के साथ विश्वसनीयता स्थापित करने की आपकी योग्यता कम हो जाती है।"[38] धीरे-धीरे उन्होंने कर्मचारियों को आशावादी होने तथा कंपनी के प्रति समर्पित होने का कारण देकर विश्वास का स्तर बढ़ाने में कामयाबी हासिल की।

मल्केही ने मुश्किल काम किए :

- सालाना ख़र्च में 1.7 अरब डॉलर की कटौती करने के लिए कंपनी का पुनर्गठन किया
- ग़ैर-लाभदायक कारोबार और गतिविधियों को छोड़कर लगभग 10 अरब डॉलर का कर्ज़ कम किया।
- अकाउंटिंग स्कैंडल को शांत करने के लिए 1 करोड़ डॉलर का जुर्माना चुकाया और ज़ेरॉक्स की पाँच वर्षों की आमदनी के बही-ख़ाते खोल दिए। (अधिकारियों ने ज़ेरॉक्स पर वॉल स्ट्रीट की उम्मीदें पूरी करने के लिए आर्थिक परिणामों में "हेराफेरी करने" का आरोप लगाया था।)
- ग्राहकों की आवश्यकताओं के सावधानीपूर्वक विश्लेषण पर आधारित नए उत्पाद विकास में 1 अरब डॉलर लगाए।

दो साल के भीतर शेयर का भाव पाँच गुना बढ़ गया।

सवाल यह है, ऐन मल्केही ने ज़ेरॉक्स का कायापलट कैसे किया? बुनियादी तौर पर उन्होंने पारदर्शिता स्थापित की, अपने वादे निभाए और कंपनी के पुनरुत्थान के लिए अपनी वैश्विक टीम में विश्वास का विस्तार किया।

पारदर्शिता स्थापित करें। वे वास्तविकताओं के बारे में पूरी तरह ईमानदार थीं, उनका सामना कर रही थीं और ग़लत चीज़ों

को सही कर रही थीं। वे कहती हैं, "मैं सोचती हूँ कि पारदर्शिता महत्वपूर्ण है। कंपनियों को स्पष्ट और पूर्ण खुलासे की भूमिका में होना चाहिए। हम आज एक ऐसे संसार में रहते हैं, जहाँ पारदर्शिता, विश्वसनीयता या ईमानदारी होनी चाहिए - इसके लिए बहुत से शब्द हैं - लेकिन कुल मिलाकर विश्वास का अहसास होना चाहिए, जो उन लोगों को साफ़ दिखे, जिन्हें आप अपने पीछे चलने को कह रहे हैं। और मैं सोचती हूँ कि यह एक ऐसी चीज़ है, जो पहले की तुलना में इस वक़्त काफ़ी महत्वपूर्ण हो गई है।"

अपने वादे निभाएँ। उन्होंने भविष्य के लिए कुछ प्रमुख वादे किए और उन्हें निभाने पर ध्यान केंद्रित किया। "उनमें अनुसंधान और विकास में निवेश करने के अपने वादे के प्रति समर्पित रहने का साहस था, जबकि बाहर का लगभग हर व्यक्ति यह कह रहा था कि उन्हें कंपनी को बचाने के लिए इसे छोड़ देना चाहिए," संचालक मंडल के सदस्य बॉब अलरिच कहते हैं। "बाद में यह पता चला कि वे और उनकी टीम चीज़ों को बेहतर जानते थे।"[39]

ज़ेरॉक्स का पुराना बिज़नेस मॉडल टूट चुका था, यह जानते हुए मल्केही ने ज़ेरॉक्स के बुनियादी कायाकल्प का वादा किया। "अकेले कॉपियर्स का ज़माना जा चुका है। अब कंपनी के नए प्रॉडक्ट्स ग्राफ़िक्स कम्युनिकेशन्स, डिजिटल इमेजिंग, नई उत्पादकता सेवाओं और नई हार्डवेयर तथा सॉफ्टवेयर तकनीकों के क्षेत्र में होंगे। कंपनी की अधिकतर आमदनी भी इन्हीं स्त्रोतों से होगी।"

विश्वास का विस्तार करें। उन्होंने सारे निर्णय ख़ुद लेने और अपनी टीम का सूक्ष्म प्रबंधन करने के बजाय विश्वास का विस्तार किया। "अगर आप कोई बड़ी कंपनी चलाते हैं, तो यह याद रखें कि अकेले इंसान दरअसल कुछ हासिल नहीं करते हैं। टीमें हासिल करती हैं। इसलिए अच्छी टीमें बनाने की योग्यता और फिर अच्छी टीमों से दूसरी अच्छी टीमें बनवाने की क़ाबिलियत ही दरअसल किसी बड़ी कंपनी में सफलता का मार्ग है।"[40]

ज़ेरॉक्स के शिखर पर छह साल तक रहने के बाद मल्केही को *चीफ़ एक्ज़ीक्यूटिव* मैग्ज़ीन ने चीफ़ एक्ज़ीक्यूटिव ऑफ़ द ईयर घोषित किया। यह "विश्वास का डिविडेंड" है।

जब पूरा संसार कुछ महत्वपूर्ण लोगों और संस्थाओं पर ज़रूरत से ज़्यादा विश्वास का विस्तार करके हाथ जला चुका हो, ऐसे समय में विश्वास का विस्तार करना मुश्किल हो सकता है। दरअसल, यह सबसे बड़ी चुनौती है। लेकिन विश्वास का विस्तार करने के लाभ जोखिमों की तुलना में ज़्यादा बड़े होते हैं।

स्टीफ़न एम. आर. कवी नीदरलैंड्स की एक बीमा कंपनी के बारे में बताते हैं, जिसने हाल ही में यह सबक़ सीखा। यह कंपनी "विश्वास के विभिन्न टैक्स" के साथ जूझ रही थी, क्योंकि ग्राहक कंपनी से दूर हो रहे थे। "उनके ग्राहक उन्हें इतनी तेज़ गति से छोड़कर जा रहे थे, जो उद्योग की गति से अधिक थी। उन्होंने अपने ग्राहकों से पूछा कि वे क्यों छोड़कर जा रहे हैं। बुनियादी तौर पर, यही जवाब मिला : 'क्योंकि आप हम पर भरोसा नहीं करते हैं।'"

चूँकि कंपनी के साथ पहले धोखा हुआ था, इसलिए इसने हर दावे के सत्यापन और प्रमाणीकरण के लिए एक कठोर प्रक्रिया लागू कर दी। जब भी कोई दावा आता था, तो ग्राहक को यह संदेश जाता था : "आप धोखेबाज़ हैं। साबित करें कि आप नहीं हैं। साबित करें कि आपका दावा धोखाधड़ी का नहीं है।" कंपनी की नीति यह थी कि हर ग्राहक धोखा देने की कोशिश कर रहा है। परिणाम? दावों की प्रक्रिया श्रमसाध्य, जटिल, लालफीताशाही की शिकार और समयसाध्य थी। इसलिए ग्राहक इसे छोड़कर चले गए।

जब भी कोई दावा आता था, तो ग्राहक को यह संदेश जाता था : "आप धोखेबाज़ हैं।"

कंपनी ने इस नीति को बदलने और ग्राहक में विश्वास का

विस्तार करने का निर्णय लिया। आपसी विश्वास बढ़ गया। गति बढ़ गई। जिन दावों का भुगतान होने में पहले कई सप्ताह लगते थे, उनमें अब सिर्फ़ कुछ दिन, कई बार तो कुछ घंटे ही लगते थे। लागत कम हो गई। कंपनी को यह पाकर हैरानी हुई कि दावों की जटिल प्रक्रिया के प्रशासन में जितने पैसे लगते थे, उनके भुगतान में उससे कम पैसे लगते थे।

जैसी कंपनी को उम्मीद थी, ग्राहकों की निष्ठा बढ़ गई। ग्राहकों को यह नई नीति पसंद आई और वे अधिक लंबे समय तक रुके रहे। लेकिन फिर "विश्वास का ऐसा डिविडेंड" मिला, जिसकी किसी को भी उम्मीद नहीं थी : दावों की संख्या बहुत कम हो गई। बाद में पता चला कि कई ग्राहक बहुत चिढ़ गए थे और वे सभी तरह के छोटे-छोटे दावे पेश करके कंपनी को परेशान कर रहे थे। "भारी आनंद और संतुष्टि" के साथ वे कंपनी के अफ़सरशाही तंत्रों को शिकायतों के बोझ से लादकर ज़मीन से टिकाए दे रहे थे। इस तरह वे बीमा कंपनी से बदला ले रहे थे।[41]

विश्वसनीय चरित्र

जब आप विश्वास के संकट का सामना कर रहे हों, तो ये और अन्य विश्वास उत्पन्न करने वाले व्यवहार - जैसे सम्मान प्रदर्शित करना, सुनना, अपनी कार्यप्रणाली में लगातार सुधार करना - अनिवार्य हैं। लेकिन आपकी विश्वसनीयता के लिए और भी अधिक बुनियादी है आपका ख़ुद का चरित्र। हो सकता है कि समय-समय पर आपकी क्षमताएँ आपके काम न आएँ, लेकिन अच्छा चरित्र कभी असफल नहीं होता। ऐसा समय भी आता है जब आपको यह पता नहीं होता कि क्या करना है, लेकिन इसके बाद भी आपको पता होता है कि सही क्या है।

कोई भी अनुयायियों के बिना नेतृत्व नहीं करता। जिस तरह आपकी टीम के लोग आपकी सक्षमता पर भरोसा करते हैं, उसी

तरह उन्हें आपके चरित्र पर भी भरोसा होना चाहिए वरना वे अनुसरण नहीं करेंगे। हो सकता है कि इसमें थोड़ा समय लगे, लेकिन अंततः वे आपको छोड़कर चले जाएँगे।

आप शायद अपनी योग्यताओं की वजह से अपने नेतृत्व के पद पर हैं और आपकी टीम एक बिंदु तक आपके पद की सत्ता के प्रति झुकेगी। बहरहाल, जब तक कि आपके पास नैतिक सत्ता भी न हो, तब तक वे आप पर विश्वास नहीं करेंगे। आर्थिक तंगी नैतिक सत्ता में तंगी का परिणाम है।

आर्थिक तंगी नैतिक सत्ता में तंगी का परिणाम है।

नैतिक सत्ता दो वादों से आती है : अटल अखंडता और सम्मानजनक इरादे से काम करना।

मेडट्रॉनिक के पूर्व सीईओ बिल जॉर्ज कारोबार जगत में बहुत सम्मानित लीडर हैं। जब वे 2001 में रिटायर हुए, तो उनके मार्गदर्शन में कंपनी का मूल्य सिर्फ़ बारह साल में 1.6 अरब डॉलर से बढ़कर 60 अरब डॉलर हो गया। नेतृत्व में विश्वास के मौजूदा संकट के बारे में वे कहते हैं :

> मैं सोचता हूँ कि हमारे पास बहुत सारे लीडर्स हैं, जो स्वार्थवश काम कर रहे हैं। वे चरित्र, आंतरिक गुणों और अखंडता के बजाय चमत्कार, शैली और छवि पर अधिक केंद्रित हैं। हमें वास्तविक अखंडता वाले लीडर्स की ज़रूरत है, जो संगठन बनाने के प्रति समर्पित हों और दूसरों को सीढ़ियों के ऊपर ले जाने तथा नेतृत्व करने के लिए प्रेरित करें। बेशक असफल नेतृत्व ही वॉल स्ट्रीट के संकट की जड़ है।[42]

लोग उन लीडर्स पर भरोसा नहीं करेंगे, जिनकी अखंडता या

ईमानदारी संदिग्ध हो या जिनके उद्देश्य बस इस तक सीमित हों, "इसमें मेरे लिए क्या है।"

हम सभी उन संगठनों के दुखद मंज़र के बारे में जानते हैं, जो विश्वास की अकस्मात गिरावट की वजह से एक दिन में ही मिट गए, जैसे कि विसंगतिपूर्ण नाम वाली इंटेग्रिटी बैंक ऑफ़ अटलांटा, एक "आस्था पर आधारित" बैंक, जिसके संस्थापकों ने फ्लोरिडा रियल एस्टेट कर्ज़ों में करोड़ों डॉलर लगा दिए और ख़ुद के लिए अच्छी ख़ासी रकम कमाकर जेब में रख ली।[43]

आईएनएसईएडी के प्रोफ़ेसर कुई गुएन हुई कहते हैं, "लीडर्स को अब इस बात पर ध्यान केंद्रित करने की ज़रूरत है कि पारदर्शिता और शब्दों तथा कार्यों के बीच के तालमेल के ज़रिये सच्चा विश्वास बनाया जाए है। यह पिछले कुछ सालों से ग़ायब हो रहा है, जिससे बहुत सारा अविश्वास, तिरस्कार और क्रोध उत्पन्न हो रहा है।"[44]

ज़ाहिर है, आप व्यक्तिगत रूप से अखंडता और अच्छे इरादे की मिसाल बनना चाहते हैं और आप चाहते हैं कि जिस टीम का आप नेतृत्व करते हैं, वह भी इन्हीं गुणों के लिए जानी जाए। अच्छा चरित्र अपने आप में तो मूल्यवान होता ही है, यह मुश्किल आर्थिक संदर्भ में भी लाभकारी होता है - इसकी बदौलत विश्वास के डिविडेंड्स मिलते हैं। जैसा पैट्रिशिया एबर्डीन अपनी पुस्तक *मेगाट्रेंड्स* 2010 में कहती हैं, "हमें यह अहसास ही नहीं होता कि नैतिक उच्च धरातल पर रहना दरअसल बहुत लाभदायक है।"[45]

जो कंपनियाँ मुश्किल समय में अच्छा प्रदर्शन करती हैं, वे शक्तिशाली क्षमताओं के साथ-साथ असली चरित्र भी प्रदर्शित करती हैं। मिसाल के तौर पर, 2008-2009 के धीमे वर्षों के दौरान भी आईबीएम और प्रॉक्टर

> हमें अब तक यह अहसास ही नहीं हुआ है कि नैतिक उच्च धरातल पर रहना दरअसल बहुत लाभदायक होता है।

एंड गैंबल अपने सामान्य सम्मानजनक वित्तीय परिणाम देते रहे। हारवर्ड बिज़नेस प्रोफ़ेसर रोज़ाबेथ मॉस कैंटर पूछती हैं, "ये कंपनियाँ आज अच्छा प्रदर्शन क्यों कर रही हैं?" एक मुख्य कारण है "मूल्यों और नैतिकता पर उनका दोबारा ज़ोर... संसार पर सकारात्मक छाप छोड़ने की ज़िम्मेदारी का अहसास। वे इसे सिर्फ़ इसलिए नहीं छोड़ देते हैं, क्योंकि यात्रा अचानक मुश्किल हो गई है।"[46]

विश्वसनीय चरित्र ही इस तरह की कंपनियों और दुनिया के "इंटेग्रिटी बैंकों" के बीच का एक महत्वपूर्ण फ़र्क़ है।

विश्वास उत्पन्न करने का एक सुविचारित अभियान

हमारा ख़ुद का शोध बताता है कि दो में से कम से कम एक काम करने वाली टीम में विश्वास से जुड़े गंभीर मुद्दे होते हैं। एक संयुक्त फ्रैंकलिनकवी-हैरिसइंटरएक्टिव सर्वे के अनुसार, 35 प्रतिशत अमेरिकी कर्मचारी मानते हैं कि उनकी टीमें बड़े पैमाने पर अफ़सरशाही के नियमों और नीतियों, दलबंदी, धीमे अनुमोदनों, ग़लत दिशा के तंत्रों और अति संतुष्ट स्टेकहोल्डर्स से जूझती हैं। पाँच में से एक कर्मचारी विश्वास के बहुत कम या शून्य स्तरों का शिकार है: "रक्षात्मकता, छिपे हुए स्वार्थ, राजनीतिक दलबंदी, बहुत ज़्यादा कर्मचारियों का कंपनी छोड़कर जाना, प्रबंधन-श्रमिक विवाद, ग्राहकों का छोड़कर जाना, असंतुष्ट स्टेकहोल्डर्स" - ये कुछ लक्षण हैं।[47] कामकाजी टीमों में से 47 प्रतिशत - लगभग आधी - विश्वास के भारी टैक्स चुका रही हैं।

यदि आप इनमें से किसी लक्षण को पहचानते हैं, तो आपको विश्वास बनाने का एक सुनियोजित अभियान छेड़ना होगा। आगे दी गई विश्वास कार्य योजना आपकी मदद करेगी कि आप विश्वास के टैक्स चुकाना छोड़ दें और विश्वास के डिविडेंड्स कमाना शुरू कर दें।

विश्वास कार्य योजना

यह नियोजन औज़ार सटीकता से आपको बताएगा कि आपको इस वक़्त विश्वसनीय बनने के लिए सटीकता से कौन से कार्य करने चाहिए।

खंड 1 : आप किस जगह विश्वास के टैक्स चुका रहे हैं, जिन्हें आप विश्वास के डिविडेंड्स में बदल सकते हैं?

आपको कहाँ सुधार की ज़रूरत है, यह तय करने के लिए अपनी टीम के तंत्रों और प्रक्रियाओं की रेटिंग करें:

	शून्य	कमज़ोर	दोयम	अच्छा	उत्कृष्ट	विश्व-स्तरीय
निर्णयात्मकता						
वित्तीय प्रोसेसिंग (ख़र्चे, इनवॉइस आदि)						
आंतरिक संप्रेषण						
बजटिंग						
प्रदर्शन प्रबंधन						
कर्मचारी उन्मुखीकरण						
प्रशिक्षण						
रणनीतिक नियोजन						
ग्राहक फ़ीडबैक						
मार्केटिंग						
मीटिंग का प्रबंधन						
सूचना तंत्र						
उत्पाद विकास और नवाचार						

खंड 2 : आप कहाँ सबसे बड़ा प्रभाव डाल सकते हैं?

ऊपर दिए गए तंत्रों और प्रक्रियाओं में से एक, दो या तीन को चुन लें और नीचे दी गई योजना भरें।

तंत्र या प्रक्रिया	**पारदर्शिता स्थापित करें।** वर्तमान स्थिति का वर्णन स्पष्टता से और तथ्यपूर्ण ढंग से करें। टीम के सामने सीधी बात करें। किन तरीक़ों से आप विश्वास के टैक्स चुका रहे हैं, उन्हें लिखें। स्थिति को बदलकर आप विश्वास के कौन से डिविडेंड्स कमा सकते हैं?

वादे निभाएँ। प्रक्रिया या तंत्र को बेहतर बनाने के लिए अपने लक्ष्य को परिभाषित करें। एक समयसीमा का वादा करें और वादा निभाएँ।	**विश्वास का विस्तार करें।** उन लोगों को पहचानें, जिन्हें वादे के प्रति जवाबदेह होना चाहिए। अपनी अपेक्षाएँ स्पष्ट कर दें और परिणामों के लिए उन्हें जवाबदेह ठहराएँ।

सीखने के लिए सिखाएँ

सिखाना सीखने का सबसे अच्छा तरीका है। यह मानी हुई बात है कि शिक्षक विद्यार्थी से कहीं अधिक सीखता है। अगर आप इस अध्याय में सीखी ज्ञानवर्धक बातों को सचमुच आत्मसात करना चाहते हैं, तो अगले दिन किसी - सहकर्मी, मित्र या परिवार के सदस्य - को खोजें और उसे ये बातें सिखाएँ। यहाँ दिए विचारोत्तेजक प्रश्न पूछें या स्वंय अपने प्रश्न तैयार कर लें।

- संकट के दौर में विश्वास से ही सारा फ़र्क़ पड़ता है। ऐसा क्यों होता है? विश्वास के कारण कौन से फ़र्क़ पड़ते हैं, जिन्हें नापा जा सकता है?
- "समाज में व्यापक अविश्वास... आर्थिक गतिविधि के सभी प्रकारों पर एक तरह का कर लगाता है, एक ऐसा कर जो उच्च विश्वास वाले समाजों को नहीं चुकाना होता।" -फ्रांसिस फुकुयामा, अर्थशास्त्री। अपने पार्टनर से पूछें कि इस कथन का क्या अर्थ है। विश्वास एक आर्थिक मुद्दा क्यों है?
- व्यापक अविश्वास के कारण हमें कौन से "विश्वास के टैक्स" चुकाने होते हैं?
- कौन से "विश्वास के डिविडेंड्स" उन लोगों या संगठनों को मिलते हैं, जिन पर उच्च विश्वास किया जाता है?
- कम विश्वास वाली स्थितियों में गति और लागत के साथ क्या होता है? आप कौन से उदाहरण सोच सकते हैं?
- उच्च विश्वास वाली स्थितियों में गति और लागत के साथ क्या होता है? आप कौन से उदाहरण सोच सकते हैं?
- विश्वास सिर्फ़ नैतिक गुणों का ही प्रश्न क्यों नहीं है?

यह प्रक्रियाओं और तंत्रों का प्रश्न भी क्यों है?

- पूर्ण पारदर्शिता विश्वास उत्पन्न करने के लिए इतनी महत्वपूर्ण क्यों है? पारदर्शिता का विपरीत क्या है?
- विश्वास वादे निभाने पर निर्भर क्यों करता है? अगर आप अपने वादे निभाने में असफल रहते हैं, तो क्या होता है?
- विश्वसनीय बनने के लिए दूसरों पर विश्वास करना क्यों महत्वपूर्ण है?
- विश्वसनीय होने के लिए आपको अच्छी क्षमताओं और अच्छे चरित्र दोनों की ही ज़रूरत क्यों होती है?

- 3 -

कम के साथ अधिक हासिल करें

हमें ख़ुद से यह पूछने की ज़रूरत है कि ऐसे दौर में हमें ज़्यादा से ज़्यादा चीज़ें करनी चाहिए या अपने सबसे महत्वपूर्ण काम करने पर पैनी एकाग्रता रखनी चाहिए।

—विनीत नायर, आईटी एक्ज़ीक्यूटिव

"पहाड़ों पर" कम के साथ अधिक करना ही काफ़ी नहीं होता - आपको तो वह अधिक करना होता है, जो महत्वपूर्ण है।

ज़रा सोचें, सात महाद्वीपों में से प्रत्येक के सर्वोच्च शिखर पर चढ़ने के लिए किसकी ज़रूरत होती है, जिनमें माउंट एवरेस्ट भी शामिल है। कल्पना करें कि कैसा लगता होगा, जब तापमान शून्य से बहुत नीचे हो, हवा आपको पहाड़ से गिराने की भरसक कोशिश कर रही हो और आप खड़ी बर्फ़ पर हाथ जमाने के लिए जूझ रहे हों।

अब इस सबको किसी दृष्टिहीन की तरह करके देखें।

एरिक वेहेनमायर ने यही किया है। वे पहले दृष्टिहीन हैं, जो सात शिखरों पर चढ़े हैं और वे शायद किसी भी अन्य जीवित इंसान से अधिक जानते हैं कि बेहद कठोर परिस्थितियों में सफल होने

के लिए किस चीज़ की ज़रूरत होती है। जब यात्रा करना लगभग असंभव हो जाता है, तो आपको अपने साथ कौन सी चीज़ सचमुच रखने की ज़रूरत है? यहाँ उनकी सलाह दी जा रही है :

> जब आप किसी पर्वत पर चढ़ने के लिए पैकिंग करते हैं, तो समझिए आप अपना घर अपनी पीठ पर उठाकर ले जा रहे हैं, लेकिन आप अपनी हर मनचाही चीज़ नहीं ले जा सकते। इसलिए आप पैक को हल्का रखते हैं। जब आप पहाड़ पर अधिक ऊँचाई पर पहुँचते हैं और चढ़ना ज़्यादा मुश्किल हो जाता है, तो आपको अधिक रणनीतिक और एकाग्र होना पड़ता है तथा बहुत सारा अतिरिक्त सामान हटाना होता है, जो आपको वज़न से दबा रहा होता है और एक व्यवधान बन जाता है। आपको ख़ुद को बहुत हल्का और ज़्यादा फुर्तीला बनाना होता है, ताकि आप उस चीज़ को हासिल कर सकें, जिसे आप सचमुच चाहते हैं। और जब आप अंटार्कटिका में माउंट विन्सन के बग़ल में हों और तापमान 50 से नीचे हो, तो आपको अपने पूरे पैक को ही छोड़ना पड़ सकता है।[48]

हर कोई जानता है कि संकट के समय में आपको कम के साथ अधिक करने की ज़रूरत होती है। हम सभी को अपना पैक "हल्का" रखना होता है। लेकिन महत्वपूर्ण बात योजना बनाकर पैकिंग करने की है। और समय जितना अधिक चुनौतीपूर्ण होता है, हमें उतने ही अधिक "रणनीतिक और एकाग्र" होने की ज़रूरत होती है।

आप शायद सोच रहे हैं, "हम हल्की पैकिंग कर रहे हैं। हमने छँटनी कर दी है और कर्मचारियों को कम कर दिया है। हमने अपने सर्वश्रेष्ठ कर्मचारियों को बचाकर रख लिया है और हम आगे बढ़ रहे हैं।"

> समय जितना अधिक चुनौतीपूर्ण होता है, हमें उतने ही अधिक "रणनीतिक और एकाग्र" होने की ज़रूरत होती है।

कोई शक नहीं। लेकिन यहाँ आगे के कुछ सवाल हैं : "'कम के साथ अधिक' का वास्तविक अर्थ क्या है? क्या इसका मतलब हर वह चीज़ करने की कोशिश है जो आप पहले करते थे, लेकिन अब पहले से कम कर्मचारियों की मदद से? आप कहते हैं कि आप कम के साथ अधिक कर रहे हैं – लेकिन यह तो बताएँ, आप कौन सी चीज़ अधिक कर रहे हैं?"

अर्थव्यवस्था में आने वाला अंधा मोड़ आपको चोट पहुँचा सकता है, लेकिन आपके ख़ुद के निर्णय आपको उससे भी अधिक चोट पहुँचा सकते हैं। मंदी आते ही अधिकतर संगठन सीधे-सीधे कर्मचारियों को निकालने, संपत्तियों को नक़दी में बदलने और अधिक पूँजी वाले प्रोजेक्ट्स को बंद करने में जुट जाते हैं। वे शुतुरमुर्ग की तरह अपना सिर रेत में गड़ा लेते हैं और बुरे समय के गुजरने का इंतज़ार करते हैं।

जो संगठन संकट में सफल होते हैं, वे भी इनमें से कई चीज़ें करते हैं, लेकिन अधिक प्रभावी ढंग से। वे दो अहम मायनों में भिन्न होते हैं :

1. सफल संगठन ग्राहकों और कर्मचारियों की निष्ठा हासिल करने पर ध्यान केंद्रित करते हैं।
2. फिर वे इन प्राथमिकताओं के आस-पास संगठन को दिशाबद्ध करने के लिए "रिसेट" बटन दबा देते हैं।

ग्राहकों और कर्मचारियों की निष्ठा हासिल करना

जब आप कम के साथ अधिक करने की कोशिश कर रहे हों, तो

असल सवाल होता है, "कौन सी चीज़ अधिक?" क्या वह चीज़ अधिक नहीं की जानी चाहिए, जिसे ग्राहक महत्त्व देते हैं और जिसके लिए वे पैसे देने को तैयार हैं? क्या वह चीज़ अधिक नहीं की जानी चाहिए, जिसे कर्मचारी महत्त्व देते हैं और जिसकी ख़ातिर वे रुके हैं?

जब ऐन मल्केही ने सन् 2001 में ज़ेरॉक्स की कमान सँभाली, तो कंपनी चट्टान की कगार पर थी। शेयर का भाव, आमदनी, कंपनी की प्रतिष्ठा - सब कुछ रसातल में पहुँच चुका था। उन्होंने सबसे पहले क्या किया। उन्होंने सबसे पहले महान निवेशक वॉरेन बफ़े को एक फ़ोन कॉल किया : "आपके हिसाब से मुझे क्या करना चाहिए?"

बफ़े की सलाह : *"अपने ग्राहकों पर ध्यान केंद्रित करो और अपने कर्मचारियों का इस तरह नेतृत्व करो, मानो आपकी सफलता पर उनका जीवन निर्भर करता हो।"*

> **जब आप कम के साथ अधिक करने की कोशिश कर रहे हों, तो असल सवाल होता है, "कौन सी चीज़ अधिक?"**

उन्होंने इस सलाह को गंभीरता से लिया। चार वर्ष के भीतर ही ज़ेरॉक्स एक बार फिर लाभकारी हो गया और मूल कर्ज़ से बाहर आ गया। शेयर का भाव पाँच गुना हो गया। मल्केही इस उल्लेखनीय कायाकल्प का श्रेय बफ़े की सलाह पर अमल को देती हैं। इसने "सारे शोर को बाहर रखते हुए उन दो अहम बातों पर ध्यान केंद्रित करने में उनकी मदद की, जो सबसे महत्त्वपूर्ण थीं।"

सबसे बढ़कर, मल्केही ने ग्राहक मूल्य पर ध्यान केंद्रित करने पर ज़ोर दिया : "पूरी कंपनी में ग्राहकों को प्राथमिकता दें। इसके लिए ख़ुद से बार-बार यह सवाल पूछें : क्या ग्राहक इसके लिए भुगतान करेगा?"[49] उन्होंने ग्राहक की निष्ठा को क़ायम रखने पर ज़ोर दिया, जबकि दूसरे प्रमुख लीडर्स कारोबारी मुद्दों से जूझ

रहे थे। "हमने 'फ़ेंस लगाकर' ख़ुद को अलग कर लिया और यह सुनिश्चित किया कि ग्राहकों से हमारा संप्रेषण दोषरहित हो, कि हमारे ग्राहक संकट के प्रभाव को महसूस न करें। यह हर एक की ज़िम्मेदारी बन गई। मैं सोचती हूँ कि सभी कर्मचारियों ने 'इसे समझ लिया था।'"[50]

मल्केही ने अपने सहकर्मियों पर समान ध्यान केंद्रित किया और उन्हें "ज़ेरॉक्स कर्मचारियों की निष्ठा का लाभ मिल गया।" ज़ेरॉक्स के आम कर्मचारी का औसत कार्यकाल 15 वर्ष था, इसलिए कंपनी के साथ जुड़ाव का प्रबल अहसास पहले से ही मौजूद था। इसे और मज़बूत बनाने के लिए अपने पहले साल में उन्होंने एक लाख मील की यात्रा की। वे कंपनी के विभिन्न ठिकानों पर गईं और हर एक से आमने-सामने मिलकर सीधे उनकी मदद माँगी।[51] वे बताती हैं :

> हमारे कर्मचारी असाधारण थे। उन्होंने व्यक्तिगत रूप से हज़ारों सुझाव दिए कि हम पैसे बचाने के लिए क्या कर सकते हैं। हर एक ने इस चुनौती से मुक़ाबला किया। और हमने कंपनी के ख़र्च को नाटकीय रूप से कम कर लिया। जो कुछ हुआ, वह कमाल ही था – हमने आधे अरब डॉलर की कार्यकुशलताएँ ख़रीद ली थीं।[52]

लोगों की छँटनी शायद सही काम हो, लेकिन यह न भूलें कि केवल ज्ञानी लोग ही वे समाधान उत्पन्न कर सकते हैं, जिनकी ज़रूरत आपको संकट के दौर में सफल होने के लिए होती है। ज़ेरॉक्स को कुछ कर्मचारियों को बाहर निकालना पड़ा, लेकिन कुशल उत्पादकता समाधानों की वजह से छँटनी उम्मीद से कहीं कम हुई।

संकट हमें प्रलोभन देता है कि हम अपने ध्यान का केंद्र ग्राहकों और कर्मचारियों से हटाकर पैसों पर ले जाएँ। बजट और बैलेंस शीट्स में दफ़न होने से आप मूल्य या महत्व पर ध्यान केंद्रित नहीं करते हैं; इससे तो आप विचारहीन कटौती की ओर जा सकते हैं।

मिसाल के तौर पर, एक बड़े होम-सेंटर रिटेलर ने अपने अधिकतर अनुभवी फ़ुल-टाइम स्टाफ़ को नौकरी से निकाल दिया। इसने उनकी जगह पर पार्ट-टाइमर लोगों को रखकर अपनी लागत कम कर ली। कैशफ्लो स्टेटमेंट पर यह कुछ समय के लिए अच्छा दिखा, लेकिन सच्चाई यह थी कि इससे कर्मचारियों और ग्राहकों दोनों को बुरी तरह चोट पहुँची। ग्राहक काफ़ी समय से स्टाफ़ के परामर्श पर निर्भर थे, जिनमें से कई पहले कारपेंटर, प्लमर और इलेक्ट्रिशियन रह चुके थे। उन कर्मचारियों को खोने का मतलब था कि ग्राहक भी दूर चले गए। ग़लत जगह कटौती करके बड़े रिटेलर ने ख़ुद का बुरी तरह नुक़सान कर लिया।[53]

ग्राहकों पर ध्यान केंद्रित करना। इसके विपरीत, जो कंपनियाँ अनिश्चित समय में सफल होती हैं, वे पूरी तरह मूल्य पर ध्यान केंद्रित करती हैं। वे सिर्फ़ चर्बी ही नहीं छाँटती हैं; वे उन जटिलताओं को भी सरलीकृत और कम करती हैं, जिन्हें ग्राहक कोई महत्व नहीं देते या समझते भी नहीं हैं। आम तौर पर, एक महान कंपनी के पास ग्राहकों को स्थायी बनाने का एक सशक्त, सुनियोजित अभियान होता है।[54] सच्चे ग्राहक उससे जो कराना चाहते हैं, उस काम पर पूरी तरह ध्यान केंद्रित करके वह अपने मक़सद में कामयाब होती है।

> **संकट हमें प्रलोभन देना है कि हम अपने ध्यान का केंद्र ग्राहकों और कर्मचारियों से हटाकर पैसों पर ले जाएँ।**

आपने क्या कहा, "हम पहले से ही वह काम कर रहे हैं?"

दोबारा सोच लें। 362 कंपनियों के सीनियर एक्ज़ीक्यूटिव्ज़ के बेन सर्वे में निम्न निष्कर्ष सामने आए थे :

- 96 प्रतिशत एक्ज़ीक्यूटिव्ज़ ने कहा कि उनकी कंपनी ग्राहक-केंद्रित है।
- 80 प्रतिशत एक्ज़ीक्यूटिव्ज़ को यक़ीन था कि उनकी कंपनी "ग्राहक को श्रेष्ठ अनुभव" प्रदान करती है।

- उनके 8 प्रतिशत ग्राहक ही इस बात से सहमत हुए।[55]

ओह, यह काफ़ी बड़ी खाई है।

आप सोच रहे हैं, "लेकिन हमारे ग्राहक-संतुष्टि के आँकड़े अच्छे हैं। हमारे ग्राहक संतुष्ट हैं!"

लेकिन आपको ख़ुद से यह पूछना चाहिए, "क्या वे निष्ठावान हैं?"

ग्राहक संतुष्टि और ग्राहक निष्ठा के बीच एक फ़र्क़ होता है। संतुष्ट ग्राहक वह होता है, जिसे शिकायत का कोई कारण नहीं मिलता। दूसरी ओर, निष्ठावान ग्राहक आपसे भावनात्मक रूप से जुड़े होते हैं। वे आपके कारोबार का सबसे बड़े हिस्से का प्रतिनिधित्व करते हैं, क्योंकि वे बार-बार ख़रीदते हैं। यदि आप चले गए, तो उन्हें आपकी कमी खलेगी।

संकट काल में कई कंपनियाँ अपने तंत्रों और प्रक्रियाओं की लागतों को कम करने का कठोर प्रयास करती हैं, लेकिन इसका हमेशा यह मतलब नहीं होता कि ये कटौतियाँ ग्राहकों को रास आएँगी। जैसा रोज़ाबेथ मॉस कैंटर कहती हैं, "सरलीकरण सामान्य नहीं है और यह एक समस्या है।" संकट काल में आपको हल्की पैकिंग की ज़रूरत होती है और यह निर्णय लेना होता है कि क्या पैक करें। पैक के बाहर क्या छोड़ा जाए, यह ग्राहक मूल्य पर निर्भर होना चाहिए। "हम बहुत सारी जटिलताओं की क़ीमत चुका रहे हैं। हमने इतनी सारी विविधता उत्पन्न कर दी है - या उसकी अनुमति दी है कि इसे सुलझाना मुश्किल है। हमने जंज़ीर में इतने सारे फंदे जोड़ दिए हैं कि कोई भी पूरे तंत्र के लिए व्यक्तिगत ज़िम्मेदारी महसूस नहीं करता या इसे पूरी तरह समझता भी नहीं है।"[56] मिसाल के तौर पर, आप टूथपेस्ट चुनते वक़्त कितनी बार दुविधा में होते

> **ग्राहक संतुष्टि और ग्राहक निष्ठा के बीच एक फ़र्क़ होता है।**

हैं। टार्टर कंट्रोल ? सफ़ेदी ? रोग की रोकथाम ? क्या हो, अगर मुझे कोई ऐसा प्रॉडक्ट चाहिए हो, जो मेरे लिए ये सारे काम करे ?

अधिकतर मामलों में सरलीकरण अनिश्चितता को दूर कर देता है। अगर आप ग्राहक के लिए सरल, महत्वपूर्ण प्रॉडक्ट्स उतारें, तो आपको अधिक निश्चित परिणाम मिल सकते हैं। मिसाल के तौर पर, यूनीलीवर ने अपने साबुन, डीओडरेंट और अन्य प्रॉडक्ट्स की संख्या 1,600 से घटाकर 200 करके ग्राहक की दुविधा में कमी कर दी।[57] इसी तरह, चूँकि बच्चे (और उनके माता-पिता) टीकों से चिढ़ते थे, इसलिए सैनोफ़ी-पैश्चर ने फ़ाइव-इन-वन वैक्सीन ईजाद की, ताकि शिशुओं को कई बार के बजाय एक ही बार में सारे टीकों का लाभ मिल जाए।[58] इसी तरह एक और क्षेत्र में सरलीकरण पर ग़ौर करें। सभी जानते थे कि अधिकतर ग्राहक अपने जटिल मासिक केबल टीवी बिल से चिढ़ते हैं। इसके सरलीकरण के लिए कई अमेरिकी टेलीविज़न नेटवर्क्स ने टीम बनाकर हुलू.कॉम सेवा प्रदान की - सरल, हर समय उपलब्ध और मुफ्त।

सफलता के बहुत सारे पुराने पैमाने उनकी उपयोगिता गुज़रने के बाद भी जीवित रहते हैं, जैसे प्रतिस्पर्धा से अधिक प्रॉडक्ट्स, स्टोर्स या वितरण चैनल्स होना। "जवाब है कम। प्रतिस्पर्धियों को हराने के लिए उनसे कम करो। एक क़दम ऊपर के बजाय एक क़दम नीचे की कोशिश करो। ज़्यादा करने के बजाय कम करने की कोशिश करो।"[59] दूसरे शब्दों में, उसे अधिक करो जिसकी ग्राहक सचमुच परवाह करते हों और उसे कम करो, जिसकी वे परवाह न करते हों।

यहाँ पर सिद्धांत उस काम पर ध्यान केंद्रित करने का है, जो ग्राहक चाहते हैं कि आप उनके लिए सचमुच करें - और यह ज़रूरी नहीं है कि यह उस काम का अधिक हो, जो आपने पहले किया है। पोलरॉइड 2001 में दिवालिया हो गया, जब इसने अपने इंस्टेंट फ़िल्म कैमरे के दर्जनों नए संस्करण बाज़ार में उतारे, जबकि कैनन और दूसरी कंपनियाँ डिजिटल फ़ोटोग्राफ़ी की ओर बढ़कर

> प्रतिस्पर्धियों को हराने के लिए उनसे कम करो।.... दूसरे शब्दों में, उसे अधिक करो जिसकी ग्राहक सचमुच परवाह करते हों और उसे कम करो, जिसकी वे परवाह न करते हों।

समृद्ध हो गईं। पोलैरॉइड ने किए जाने वाले काम की ग़लत व्याख्या कर ली : ग्राहक इंस्टेंट पिक्चर्स चाहते हैं, ठीक है, लेकिन तब नहीं, जब इसका मतलब महँगी और अनावश्यक फ़िल्म ख़रीदना हो। कैनन कम करके सफल हुई – ऐनलॉग फ़ोटोग्राफ़ी बाज़ार से पूरी तरह बाहर निकलकर – और वह काम अधिक करके, जो उसके ग्राहक सचमुच चाहते थे।

> मुश्किल दौर में भी (शायद ख़ास तौर पर मुश्किल दौर में) लोग योगदान देना चाहते हैं, वे मदद करना चाहते हैं, वे फ़र्क़ डालना चाहते हैं।

जब आप “पहाड़ों पर” होते हैं, तो उसे अधिक करें, जो सचमुच महत्वपूर्ण है और उसे कम करें, जो सचमुच महत्वपूर्ण नहीं है। और सचमुच महत्वपूर्ण क्या है? जवाब आसान है : उसे अधिक करें, जिसे ग्राहक सचमुच महत्व देते हैं। इस सवाल का जवाब दें, “वे सचमुच हमसे क्या चाहते हैं जो हम उनकी ख़ातिर करें?” उन गतिविधियों को हटा दें, जो जवाब में न आती हों। जो कंपनियाँ सफल हो रही हैं, वे उन चीज़ों को छोड़ देती हैं, जो ग्राहकों को क़ायम रखने से ध्यान भटकाती हैं।

कर्मचारियों पर ध्यान केंद्रित करना। ज़ाहिर है, जो कंपनियाँ ग्राहक पर ज़ोर देती हैं, उनके प्रति ग्राहक बहुत निष्ठावान होते हैं और वे ग्राहक निष्ठा के उच्च स्तरों का आनंद लेती हैं। दिलचस्प बात यह है कि वे कर्मचारी निष्ठा के उच्च स्तरों का भी आनंद लेती हैं। बुरे दौर में कर्मचारी आपकी कंपनी छोड़कर नहीं जाएँगे, लेकिन इसका यह मतलब नहीं है कि वे आपके यहाँ रुकना चाहते हैं। शोध

दर्शाता है कि जब कंपनियाँ "ग्राहक अनुभव को कर्मचारी अनुभव के तालमेल में ले आती हैं, तो वे ऐसे कर्मचारियों को तैयार कर लेती हैं, जो उसके बारे में जोशीले होते हैं जिसके लिए कंपनी खड़ी होती है। जोश और संलग्नता साथ-साथ चलते हैं।"[60]

फ्रैंकलिनकवी में हमारा शोध दर्शाता है कि औसतन लोग धन से कम प्रेरित होते हैं, इस भावना से अधिक प्रेरित होते हैं कि उनके योगदान को महत्व दिया जाता है।[61] ज्ञानकर्मी - नए ज़माने के बहुसंख्यक कर्मचारी - सार्थक काम चाहते हैं। मुश्किल दौर में (शायद ख़ास तौर पर मुश्किल दौर में) लोग योगदान देना चाहते हैं, वे मदद करना चाहते हैं, वे फ़र्क़ डालना चाहते हैं। शायद इसीलिए ऐन मल्केही कहीं अधिक पैसे बचाने में समर्थ हुई थीं, जब उन्होंने इसके लिए छँटनी करने के बजाय ज़ेरॉक्स के कर्मचारियों से विचारों की मदद माँगी।

संकट काल में लीडर का काम "योगदान-केंद्रित" कार्यस्थल बनाना होता है। संभावित नए कर्मचारियों को बता दें, "मुझसे नौकरी के लिए मत कहो - मुझे एक समाधान लाकर दो।" जब स्टाफ़ की कटौती का जोखिम हो, तो कर्मचारियों के साथ ईमानदार रहें : "हम जल्द ही डूबने जा रहे हैं, जब तक कि हम ऐसे तरीक़ों से अधिक ग्राहकों की मदद न कर सकें, जिनके लिए वे भुगतान करने को तैयार हों। हम ग्राहक की किस बड़ी समस्या का जवाब दे सकते हैं? हम क्या योगदान दे सकते हैं?"

एक निर्माण कंपनी के सामने भारी छँटनी की समस्या थी। उसने कर्मचारियों के पास जाकर कहा, "स्थिति यह है। नए निर्माण कार्य सूख गए हैं। हमारे पास कैशफ्लो नहीं है। लेकिन हम यहाँ हर कर्मचारी को महत्व देते हैं और हम आपको कंपनी में रोके रखना चाहते हैं। हम एक साथ क्या कर सकते हैं?"

सैकड़ों विचार मिलने के बाद, कंपनी विघमान इमारतों की ग्रीन

रिमॉडलिंग करने में व्यस्त हो गई। अब वे ग्राहकों के पैसे बचाने वाले प्रॉडक्ट्स लगा रहे थे। ऐसे पाइप, जिनमें रखरखाव की कम ज़रूरत थी। ऐसे पेंट, जो अधिक स्वस्थ थे। बिजली बचाने वाले उपकरण। कोल्ड कैथोड लाइटिंग, जो कम बिजली ख़र्च करती थी और अमूमन जिसे बदले जाने की ज़रूरत भी नहीं पड़ती थी। सौर ऊर्जा के उपकरण। पर्यावरण-संरक्षक "पुनर्निर्माण" कारोबार बढ़ गया और कंपनी समृद्ध हो गई।

कितनी बार हमने लीडर्स को यह कहते सुना है कि कर्मचारी संगठन की सबसे मूल्यवान संपत्ति हैं? (ज़ाहिर है, फ़ाइनैंशियल स्टेटमेंट्स में कर्मचारी संपत्ति नहीं, ख़र्च के कॉलम में आते हैं।) लेकिन संकट काल में, आपके कर्मचारी सचमुच आपकी सबसे मूल्यवान संपत्ति होते हैं। संकट का सामना करने के लिए उनकी योग्यताओं को मुक्त करना ही व्यावसायिक चतुराई है। और जब आप उनसे पूछते हैं, "आपके पास देने के लिए क्या है?" तो अधिकतर कर्मचारी प्रतिक्रिया में मूल्य प्रदान करते हैं। अंततः कर्मचारी इसीलिए आपके यहाँ रुके रहते हैं।

"रिसेट" बटन दबाना : संगठन को ग्राहक मूल्य के साथ तालमेल में लाना

चढ़ाई जितनी खड़ी होती है, पैक उतना ही हल्का होना चाहिए। कम के साथ अधिक करने का मतलब अधिक चीज़ों को हाँ करना नहीं है। इसका मतलब तो अधिक चीज़ों को नहीं कहना और केवल सबसे महत्वपूर्ण चीजों को ही हाँ कहना है।

जैसा हम देख चुके हैं, यह अनिवार्य है कि संकट काल में संगठन ग्राहक मूल्य पर अधिक ध्यान केंद्रित करे - वह काम, जिसे ग्राहक कराना चाहता है। एक बार जब आप सिमटकर उस

> शीर्ष प्रदर्शक भी एकाग्रता भंग होने पर दुष्परिणाम भुगतते रहते हैं।

काम पर आ जाते हैं, जिसे करने की ज़रूरत है, तो इसके बाद आपका यह काम रह जाता है कि आप संगठन को उस मूल्य को प्रदान करने की दिशा में ले जाएँ।

दुर्भाग्य से, कई कंपनियाँ कर्मचारियों और संसाधनों में तो कटौती कर देती हैं, लेकिन एक बार भी इस बारे में नहीं सोचती हैं कि कौन सा काम करना सबसे ज़रूरी है। वाटसन-वायट शोध के अनुसार, कमज़ोर अर्थव्यवस्था "कंपनियों को कम के साथ अधिक करने के लिए विवश कर देती है। सुपरवाइज़र्स और मैनेजर्स अक्सर अपने शीर्ष प्रदर्शकों की ओर मुड़ते हैं और उन पर उत्पादकता के अधिक बोझ को उठाने का दबाव डालते हैं। इस अतिरिक्त दबाव से थकान, मोहभंग और असंलग्नता उत्पन्न हो सकती है।"

अधिक काम के तनाव के अलावा शीर्ष प्रदर्शक एकाग्रता भंग होने से भी परेशान रहते हैं। शोध से पता चलता है कि उच्च संलग्नता वाले कर्मचारी "कार्य-विवरण की अस्पष्ट परिभाषा" को अपने तनाव का सबसे बड़ा कारण बताते हैं।[62] जब करने के लिए बहुत सारे काम होते हैं, तो वे उनमें से किसी को भी उत्कृष्टता से नहीं कर पाते। परिणाम यह होता है कि वे जल्दी ही "थक और गिर" जाते हैं। इस मामले में लोग विमानों जैसे होते हैं। विमान दुर्घटनाएँ शायद ही कभी किसी एक विनाशकारी असफलता का परिणाम होती हैं। आम तौर पर होता यह है कि छोटी-छोटी कई चीज़ें एक साथ गड़बड़ा जाती हैं। पायलट का ध्यान बहुत सारी दिशाओं में भटक जाता है और परिणाम होता है तबाही।[63]

अव्यवस्था के दौर में स्पष्टता खोजना पहले से अधिक महत्वपूर्ण हो जाता है। हम अधिक कम लोगों, अधिक कम संसाधनों, अधिक दुविधा और अधिक शोर वाले संगठनों को देखते हैं - कर्मचारियों से कम संसाधनों के द्वारा उतना ही या अधिक काम करने की उम्मीद की जाती है।

अब आप शायद सोच रहे हैं, "इससे बचा नहीं जा सकता। अगर हमें दरवाज़े में ताला नहीं लगाना है, तो हमें इसे झेलना ही होगा और अधिक काम करना ही होगा।"

शायद। लेकिन आपको यह भी सोचना चाहिए, "हम ख़ुद का तालमेल उस काम के साथ कैसे कर सकते हैं, जो सचमुच मायने रखता है ?"

जब आपके कंप्यूटर पर ज़्यादा बोझ पड़ता है, तो क्या होता है ?

यह धीमा हो जाता है। हर चीज़ में ज़्यादा समय लगता है। यह आपको ग़लती के संदेश देने लगता है। जल्द ही यह जाम हो जाता है। और फिर यह बंद हो जाता है।

> हम उस काम के साथ तालमेल कैसे ला सकते हैं, जो सचमुच मायने रखता है?

जब आपके अच्छे लोग अति बोझ के शिकार हों, तो आपको भी वही चीज करने की जरूरत है, जो आप बंद हो गए कंप्यूटर के साथ करते हैं : कचरे को साफ़ करें और दोबारा चालू करें।

ज़ेरॉक्स के कायाकल्प में ऐन मल्केही "रिसेट बटन दबाने" में नहीं झिझकीं। वे संगठन को जल्द ही ग्राहकों की सच्ची प्राथमिकताओं के तालमेल में ले आईं।

> हमारे 50-60 प्रतिशत कर्मचारी दरअसल ग्राहकों के सामने रहते हैं - यह आँकड़ा उससे कहीं अधिक है, जो पहले हुआ करता था। मिसाल के तौर पर, हमने एक्ज़ीक्यूटिव प्रोग्रामों पर ध्यान केंद्रित किया है, जहाँ हमारे सारे एक्ज़ीक्यूटिव्ज़ ग्राहकों के "स्वामी" होते हैं, जिनके लिए वे ज़िम्मेदार होते हैं, जब बात संप्रेषण, समस्याएँ सुलझाने, संसाधन जुटाने की आती

है... ग्राहक हमारे कर्मचारियों से हर समय संपर्क कर सकते हैं और उनके सवालों के जवाब दिए जाते हैं।[64]

दो-तीन कामों को एक साथ करने के बजाय ज़ेरॉक्स के मैनेजरों ने ख़ुद को एक ही काम में झोंक दिया : "ग्राहक का स्वामित्व।" अगर आपके अच्छे लोग उच्च तनाव में हैं और थकान से उनके टूटने का जोखिम है, तो क्या यह कामों के बारे में दोबारा सोचने और उन्हें घटाकर सचमुच अनिवार्य काम तक लाने का समय नहीं है? क्या इसमें समझदारी नज़र नहीं आती है?

स्पष्ट रूप से, कई संगठनों को नज़र नहीं आती है। आधे अमेरिकी कर्मचारी इस वक़्त प्रति सप्ताह 50 घंटे से भी अधिक काम कर रहे हैं। एक चौथाई कर्मचारी तो पूरे साल बिना अवकाश के काम करते हैं। "अमेरिकी उत्पादकता का गंदा रहस्य यह है : यह संसार में सबसे ऊँची इसलिए है, क्योंकि हम किसी दूसरे देश से अधिक घंटे काम करते हैं।"[65] इसलिए नहीं, क्योंकि हम चतुर हैं और प्रमुख प्राथमिकताओं पर ध्यान केंद्रित करते हैं।

किसी को भी वे ज़िम्मेदारियाँ नहीं उठानी चाहिए, जो टीम के उद्देश्य की बुनियाद में न हों।

पहाड़ों पर, "हल्की पैकिंग" का मतलब उन चीज़ों को छोड़ना है, जो चढ़ाई के लिए पूरी तरह अनिवार्य न हों। किसी संगठन में प्रमुख प्राथमिकताओं पर चतुराईपूर्वक ध्यान केंद्रित करने हेतु हर टीम और व्यक्तिगत कर्मचारी के स्तर तक नीचे आना चाहिए। किसी को भी वे ज़िम्मेदारियाँ नहीं उठानी चाहिए, जो टीम के उद्देश्य की बुनियाद में न हों। इसका मतलब है कि पूरे संगठन में पूर्ण तालमेल होना चाहिए कि बुनियाद में क्या है और क्या नहीं है।

ऐन मल्केही कहती हैं : "जब लोग मुझसे पूछते हैं कि इस कंपनी ने इतनी जल्दी इतनी ज़्यादा प्रगति कैसे कर ली, तो मेरे

ख़्याल से वे सुनना चाहते हैं कि रणनीति या नियोजन के बारे में कोई ख़ास बुद्धिमानी दिखाई गई थी। वास्तविकता यह है : यह तो साझे लक्ष्यों के इर्द-गिर्द लोगों का तालमेल था।"[66]

तो क्या टीम में हर किसी का "पैक हल्का" है और वह शिखर की ओर बढ़ रहा है? शायद नहीं। हम जिस नई वास्तविकता के साथ जीते हैं, वह यह है कि ज्ञानकर्मी इस बारे में ख़ुद निर्णय लेते हैं कि वे अपना समय कैसे बिताएँ। अतीत के औद्योगिक कर्मचारियों से भिन्न ज्ञानकर्मी काफ़ी हद तक ख़ुद के लिए निर्णय लेते हैं कि इस पल से उस पल तक किस पर चीज़ काम करना है।

अब आपकी संस्कृति को "धीमे और भारी" से "छरहरे और फुर्तीले" तक दोबारा लाने का समय है। फ्रैंकलिनकवी का शोध दर्शाता है कि रिसेट के लिए पर्याप्त जगह है :

- केवल 9 प्रतिशत कर्मचारी संगठनात्मक लक्ष्यों के प्रति बहुत उच्च स्तर का समर्पण महसूस करते हैं।
- केवल 22 प्रतिशत कर्मचारी सहमत हैं कि उनके काम और संगठन की शीर्ष प्राथमिकताओं के बीच स्पष्ट दिखने वाली रेखा है।
- वे "अत्यावश्यक लेकिन ग़ैर-प्रासंगिक गतिविधियों" पर अपना 23 प्रतिशत समय ख़र्च करते हैं।
- वे "हानिकारक गतिविधियों" पर अपना 17 प्रतिशत समय ख़र्च करते हैं।[67]

कोई संकट रिसेट बटन दबाने और उन चीज़ों को अधिक करने का अवसर है, जो सचमुच महत्वपूर्ण हैं। एक बार फिर विजेता पर्वतारोही एरिक वेहेनमायर की बात सुनें, जो विपत्ति के बारे में बहुत कुछ जानते हैं :

> यह आपकी प्राथमिकताओं की जाँच करने और ख़ुद से यह पूछने का बेहतरीन समय है कि आप दरअसल कैसा जीवन बनाना चाहते हैं। यह उन मुश्किल विकल्पों को चुनने, अपने व्यवधानों को कम करने, अपने नुक़सानों पर कठोर नज़र डालने और यह देखने का समय है कि क्या कोई हिस्सा है जो आपको आगे की ओर धकेल सकता है और आपके जीवन में परिवर्तन कर सकता है, जो आप पहले भी करना चाहते थे, लेकिन इसे करने में बहुत डरते थे या बहुत धीमे थे।[68]

"कम के साथ अधिक" नियोजन औज़ार पर अमल करने से मदद मिल सकती है।

"कम के साथ अधिक" योजना

यह नियोजन औज़ार उन कार्यों को पहचानने में मदद करेगा, जिनकी मदद से आप इस वक़्त अपनी टीम की उत्पादकता बढ़ा सकते हैं।

ग्राहक की निष्ठा बनाना

आप ग्राहक को अधिक मूल्य कैसे प्रदान कर सकते हैं, यह जानने के लिए इन सवालों के जवाब दें :

आपकी टीम के सबसे महत्वपूर्ण ग्राहक कौन से हैं (अंदरूरी और/या बाहरी)?

इन ग्राहकों के सबसे महत्वपूर्ण लक्ष्य क्या हैं?

आपके ग्राहक किन ख़ास कार्यों के लिए आपकी टीम की सेवाएँ ले रहे हैं?

संगठन को ग्राहक मूल्य के तालमेल में लाना

अब जब आपने उस काम को स्पष्ट कर लिया है, जो आपके ग्राहक आपसे उनकी ख़ातिर कराना चाहते हैं, तो उस काम के तालमेल में ख़ुद को लाने के लिए इन सवालों के जवाब दें :

हमारे ग्राहक उनके सबसे महत्वपूर्ण लक्ष्य हासिल कर लें, इसमें मदद करने के लिए हमें क्या करना शुरू करना चाहिए?

हमें क्या करना छोड़ना चाहिए, क्योंकि यह हमारे ग्राहकों के सबसे महत्वपूर्ण लक्ष्यों के लिए प्रासंगिक नहीं है?

कम के साथ अधिक हासिल करना

पिछले सवालों के जवाबों के आधार पर कम के साथ अधिक

हासिल करने के लिए इस संकल्प-पत्र को भरें :

हम (यह काम)

करके (प्रमुख ग्राहकों) की सेवा करते हैं,

ताकि उन्हें (अपने सबसे महत्वपूर्ण लक्ष्य) हासिल करने में मदद मिले।

हमारे ग्राहकों को अधिक सफलता दिलाने के लिए हम (उन तंत्रों, प्रक्रियाओं या कामों पर कम समय और संसाधन ख़र्च करेंगे, जो ग्राहक के लिए मूल्य में वृद्धि नहीं करते हैं)।

और हम (उन तंत्रों, प्रक्रियाओं या कामों पर) अपने बचे हुए समय और संसाधनों को पूरी एकाग्रता से केंद्रित करेंगे, जो ग्राहक के लिए मूल्य में वृद्धि करते हैं।

सीखने के लिए सिखाएँ

सीखने का सबसे अच्छा तरीक़ा सिखाना है। यह मानी हुई बात है कि शिक्षक विद्यार्थी से कहीं अधिक सीखता है। यदि आप इस अध्याय में सीखी हुई बातों को सचमुच आत्मसात करना चाहते हैं, तो अगले दिन किसी - सहकर्मी, मित्र या परिवार के सदस्य - को खोजें और उसे ये ज्ञानवर्धक बातें सिखाएँ। यहाँ दिए विचारोत्तेजक प्रश्न पूछें या अपने ख़ुद के प्रश्न बना लें।

- अनिश्चित दौर में हर व्यक्ति को कम के साथ अधिक करने की चुनौती दी जाती है। लेकिन "कम के साथ अधिक करने" का दरअसल क्या मतलब है? क्या इसका मतलब हर काम करने की कोशिश करना है, जो आप पहले करते थे, लेकिन अब कम लोगों के साथ करते हैं? आप कहते हैं कि आप कम के साथ अधिक कर रहे हैं - लेकिन अधिक कौन सा काम कर रहे हैं?
- संकट में हमारा ध्यान ग्राहकों से हट जाता है और धन पर पहुँच जाता है। एकाग्रता के इस परिवर्तन के जोखिम क्या हैं?
- ग्राहक की निष्ठा ग्राहक की संतुष्टि से भिन्न कैसे है?
- अगर आपका संगठन डूब जाए, तो किन ग्राहकों को इसकी कमी खलेगी? क्यों?
- अपने निष्ठावान ग्राहकों के लिए आप और क्या कर सकते हैं, ताकि यह सुनिश्चित हो जाए कि "अगर आप चले गए, तो उन्हें आपकी कमी खले"?
- आप ऐसा क्या करना छोड़ सकते हैं, जो ग्राहक की निष्ठा बनाने में योगदान नहीं देता?

- जब छँटनी होती है, तो आम तौर पर बचे हुए कर्मचारियों को अतिरिक्त ज़िम्मेदारियाँ सौंप दी जाती हैं। इसके क्या जोखिम हैं?
- "अधिक काम करने" और "अधिक मूल्य उत्पन्न करने" के बीच क्या फ़र्क़ है?
- आप सिर्फ़ अधिक काम करने के बजाय अधिक मूल्य उत्पन्न करने के लिए अपनी टीम को तालमेल में कैसे ला सकते हैं?

-4-

डर कम करें

हमारा संसार अति, अज्ञात और असंभावित के द्वारा शसित में है।

– नसीम निकोलस तालेब

"पहाड़ों पर" डर बहुत बड़ा शत्रु होता है।

नौकरी का जोखिम, रिटायरमेंट की पूँजी को ख़तरा, मॉर्टगेज की समस्याएँ, ऊँची क़ीमतें, घटती स्वास्थ्य सुविधाएँ - ये सब डर लोगों पर "हावी हो" रहे हैं। आर्थिक मंदी दुर्बल करने वाली मनोवैज्ञानिक मंदी उत्पन्न करती है। जिसे *द एकोनॉमिस्ट* "हौओं की अंतहीन श्रृंखला" कहता है, वह अपनी कीमत वसूल करती है। आपके मूल्यवान कर्मचारी डर के इस तूफ़ान की चपेट से मुक्त नहीं हैं।

वास्तव में, कोई भी बड़ा परिवर्तन डर उत्पन्न करता है, जैसे नई रणनीतियाँ, उद्योग का विखंडन या बाधा डालने वाली नई प्रौद्योगिकी।

तो यहाँ पर कुछ विचारोत्तेजक प्रश्न हैं :

- मनोवैज्ञानिक मंदी की आपको क्या लागत आती है?

- क्या आपका संगठन डर से बुरी तरह विचलित है? क्या कर्मचारी अनिश्चितता के मारे पंगु हैं?
- क्या आपने पता लगा लिया है कि इस सारी चिंता को उत्पादक ऊर्जा में कैसे बदलना है?

मनोवैज्ञानिक मंदी की आपको क्या लागत आती है?

डर की लागत भारी होती है। सामान्य समय में, "व्यवधान औसत अमेरिकी कर्मचारी के दिन का 28 प्रतिशत तक खा जाते हैं... और हर साल 650 अरब डॉलर की उत्पादकता को चूस लेते हैं।"[69] इन दुविधापूर्ण दौर में, लोग मानसिक रूप से पहले से कहीं अधिक भटके हुए हैं। जब उनके घर, परिवार, नौकरी और स्वास्थ्य के सामने जोखिम मँडरा रहे हों, तो ध्यान केंद्रित करना लोगों के लिए निश्चित रूप से कहीं अधिक मुश्किल हो जाता है।

ज़ाहिर है, अगर हम लंबी दूरी तक से देखें, तो कोई निश्चित दौर नहीं होते। कुछ ही समय पहले हमने पूरे संसार के शेयर बाज़ारों में भारी उछाल और भारी गिरावट के दौर देखे थे। एशियाई बाज़ारों का ढहना, डॉटकॉम बबल, एनरॉन/वर्ल्डकॉम विध्वंस, 11 सितंबर के हमले, मध्यपूर्व का युद्ध, विश्व वित्तीय बाज़ारों का लगभग पूर्ण पक्षाघात - स्पष्ट रूप से, हम एक सुचारु, निश्चित संसार में नहीं रहते हैं। जैसा नसीम तालेब कहते हैं, "इतिहास रेंगता नहीं है, यह तो छलाँग लगाता है।"

लेकिन जब आप डरे होते हैं, तो यह पता होने पर भी ज़्यादा मदद नहीं मिलती है। और जब अनिश्चितता के सूचक ऊँचे होते हैं, तो डर अतार्किक नहीं होता।[70] फलस्वरूप उपजी मनोवैज्ञानिक मंदी की वजह से लोग अपने काम से उस वक़्त मानसिक रूप से अलग-थलग महसूस करते हैं, जब आपको उनकी पूरी संलग्नता की सबसे ज़्यादा ज़रूरत होती है।

"डर हमें थका देता है और यह हमारी सेहत पर बुरा असर डालता है। जब यह होता है, तो हम आशा करने में कम समर्थ होते हैं," आशा के मनोविज्ञान पर शोध करने वाले शेन लोपेज़ कहते हैं। "इस डर का प्रबंधन संकट की शुरुआत में बड़े पैमाने पर करना होता है और फिर हर दिन इसका संक्षिप्त प्रबंधन करने की ज़रूरत होती है।"[71]

क्या आपका संगठन डर से बुरी तरह विचलित है? क्या कर्मचारी अनिश्चितता के कारण पंगु हैं?

तो आप डर का प्रबंधन कैसे करें?

इंटरनेशनल मॉनेटरी फ़ंड के प्रमुख अर्थशास्त्री ओलिवियेर ब्लैंचर्ड लीडरों को एकदम स्पष्ट दिशा देने की सलाह देते हैं। "सबसे पहले, अनिश्चितता कम कर दो... सबसे बढ़कर स्पष्ट नीतियाँ अपनाओ और निर्णयात्मक तरीक़े से काम करो।"[72]

जब मिशन स्पष्ट और दृढ़ हो, तो कर्मचारी चिंता को कर्म और उत्पादकता में रूपांतरित कर सकते हैं।

एक विमान न्यूयॉर्क सिटी से उड़कर चार्लोट, नॉर्थ कैरोलिना, यू.एस.ए. जा रहा था। जनवरी की एक दोपहर को ठिठुरती हडसन नदी में जब इस विमान ने क्रैश लैंडिंग की, तो यात्रियों में दहशत का वैसा कोई माहौल नहीं था, जैसा आपने फ़िल्मों में देखा होगा। पूरे संसार के लोग 155 लोगों के फ़ोटो देखकर चकित थे, जो डूबते विमान के डैनों पर शांति से खड़े थे और बचाए जाने की राह देख रहे थे।

जब मिशन स्पष्ट और दृढ़ हो, तो कर्मचारी चिंता को कर्म और उत्पादकता में रूपांतरित कर सकते हैं।

लेकिन विशेषज्ञ इससे हैरान नहीं थे। विमान दुर्घटनाओं में या किसी भी बड़ी विनाशकारी घटना में लोगों में शांति से प्रतिक्रिया करने की प्रवृत्ति होती है। जब विमान की दुर्घटना हुई, तो "लोग शांत थे - व्याप्त ध्वनि चीख़-पुकार की नहीं, बल्कि मौन की थी, जो बहुत आम है।" अमैंडा रिप्ली नामक एक शोधकर्ता का यह दावा था, जो इस बात पर शोध कर रही हैं कि लोग संकट से कैसे निबटते हैं।

रिपले कहती हैं, "आप वह अफरा-तफरी और उन्माद भरी चीख़-पुकार नहीं सुनते हैं, जिसकी हम अमूमन उम्मीद करते हैं। इसका यह मतलब नहीं है कि लोग डरे हुए नहीं हैं। इसका मतलब तो यह है... कि वे दिशा का इंतज़ार कर रहे हैं।"

पायलट ने यात्रियों को स्पष्ट निर्देश दिए थे और स्थिति की माँग भी यही थी। उसने उन्हें सीधे-सीधे समस्या बता दी थी और यह निर्देश दिया था कि इससे कैसे निबटना है।

> उसने जो किया, वह ख़ास तौर पर महत्वपूर्ण है... उसने लोगों को चेतावनी दे दी। कई बार आपको ऐसे पायलट या कर्मीदल मिलते हैं, जो यात्रियों को यह नहीं बताना चाहते कि क्या हो रहा है, क्योंकि वे उन्हें चिंता में नहीं डालना चाहते। लेकिन कोई भी चेतावनी, चाहे वह इस चेतावनी जैसी छोटी ही क्यों न हो - आपको सही मानसिकता में पहुँचा सकती है। हम जानते हैं कि लोग विभीषिकाओं में बहुत आज्ञाकारी होते हैं, इसलिए इस तरह का आदेश मिलने से सचमुच मदद मिलती है।[73]

भले ही लीडरों को पक्का न पता हो कि क्या करना है, फिर भी वे स्थिति के बारे में स्पष्ट संवाद करके बहुत सा डर मिटा सकते हैं। संकट के समय में, "संवाद अधिक महत्वपूर्ण हो जाता है और इसमें अधिक पारदर्शिता की ज़रूरत होती है।"[74] इसके बावजूद सिर्फ़ 13 प्रतिशत लीडरों ने ही अपने कर्मचारियों से उस उथल-पुथल

भरे दौर के बारे में बात की है, जिसमें हम रहते हैं। लगभग आधे कर्मचारियों का कहना है कि उनके "लीडरों ने कार्यस्थल में आर्थिक चिंता पर प्रतिक्रिया करने के लिए कोई क़दम नहीं उठाया है।"[75]

चिंता के स्तरों को कम करने के लिए क्या कहें?

पारदर्शी रहें और पूरी कहानी बता दें। यह मानकर न चलें कि हर कोई पहले से ही जानता है कि उथलपुथल किस प्रकार संगठन पर असर डाल रही है। वे तो बस मंदी और छँटनी की ख़बर सुनते हैं, इसलिए उन्हें सटीकता से यह जानने की ज़रूरत है कि कंपनी की क्या स्थिति है - और उन्हें यह अक्सर सुनने की ज़रूरत है। उन्हें इस बारे में कहानी बताएँ कि आप कहाँ हैं, संख्याएँ क्या हैं और प्रभाव क्या होगा। वास्तविकता के बारे में स्पष्ट रहें और ज़रूरत से ज़्यादा आशावादी बनने के जाल में न फँसें।

> लीडर्स स्थिति के बारे में स्पष्ट संवाद करके बहुत सा डर मिटा सकते हैं।

आगे क्या है, इस बारे में बात करें। अगर आपके पास कोई रणनीति है, तो उसे स्पष्ट शब्दों में बता दें। (अगर आपके पास रणनीति नहीं है, तो साफ़-साफ़ बता दें और मदद माँगें।) वर्णन करें कि क्या किया जाना है और उसमें हर एक की भूमिका क्या होगी। लोगों को अपनी भावनाएँ, चिंताएँ और सबसे बढ़कर, अपने विचार बताने का अवसर दें।[76]

अनिश्चित दौर में नेतृत्व के अपने विश्लेषण में रामचरण यह कहानी बताते हैं। अधिकतर अन्य कंपनियों की तरह दिग्गज केमिकल कंपनी ई. आई. ड्यूपौं द नेमो ने भी 2008-2009 की मंदी का असर झेला। ड्यूपौं का लक्ष्य डर को कम करना था। इसलिए इसने वास्तविकता और एक स्पष्ट रणनीतिक दिशा बताकर अपने लाखों कर्मचारियों की घबराहट को शांत कर दिया। कंपनी के वित्तीय लीडरों ने सामान्य शब्दावली में स्पष्ट किया कि संकट ड्यूपौं

को कैसे प्रभावित कर रहा था और उन्होंने कर्मचारियों को यह भी बता दिया कि रिटायरमेंट फ़ंड के उनके 18 अरब डॉलर की उन्हें कैसे रक्षा करनी है।

10 दिनों के भीतर ड्यूपौं का हर कर्मचारी मैनेजर से आमने-सामने मिला, उसने कंपनी की रणनीति के बारे में सुना और यह भी कि इस पर अमल करने में उसकी भूमिका क्या है। कर्मचारियों से नक़दी सुरक्षित रखने के लिए उनके तीन शीर्ष विचार पूछे गए। उसके बाद ज़्यादा समय नहीं हुआ, जब कंपनी ने कर्मचारियों से यह पता लगाने के लिए सर्वेक्षण किया कि क्या वे संदेश को समझ गए थे : क्या वे डरे हुए थे या ऊर्जावान होकर संकट का मुक़ाबला करने के लिए तैयार थे?[77]

ऐतिहासिक रूप से, इतना बड़ा संगठन होने के बावजूद ड्यूपौं में उल्लेखनीय एकाग्रता है : जब अपनी कंपनी की दिशा और प्राथमिकताओं को जानने की बात आती है, तो आम अमेरिकी कर्मचारी की तुलना में ड्यूपौं के आम कर्मचारी के इन्हें 50 प्रतिशत अधिक जानने की संभावना होती है।[78]

स्पष्टता से डर कम होता है, भले ही जो स्पष्ट किया जाए, वह बहुत सकारात्मक न हो। लीडरों के लिए पहला मार्गदर्शक सिद्धांत है सीधी बात करें और टीम की चिंताओं को परानुभूति से सुनें। बड़े सामूहिक डर के दौर में आईएनएसईएडी के प्रोफ़ेसर कुई हुई लीडरों को सलाह देते हैं कि वे "सामूहिक दहशत के विपरीत सामूहिक शांति संचारित करें, जो रचनात्मक चिंतन और विचारशील कर्म के लिए सहायक हो... इन भावनात्मक रूप से अस्थिर और चुनौतीपूर्ण समय में ही लीडरों का साहस... या इसका अभाव सामने आता है।"[79]

क्या आपने पता लगा लिया है कि इस चिंता को उत्पादक ऊर्जा में कैसे बदलना है?

स्पष्ट दिशा डर को कम करने में काफ़ी मदद करती है। लेकिन डर की जड़ें फिर भी बाक़ी रहती हैं। खरपतवार की बेल की तरह डर सतह के नीचे से आता है और उस भावनात्मक ऊर्जा को चूस लेता है, जिसका उत्पादक उपयोग हो सकता था। इसे नज़रअंदाज़ करना या ख़ुद ही इससे बाहर निकलने को कहना ही पर्याप्त नहीं होता। प्रभावी लीडर इसे जड़ से उखाड़ देता है।

ऐसा करने के लिए आपको यह पहचानना होता है कि डर एक भावनात्मक प्रतिक्रिया है। लीडर के रूप में अब आप दूसरों की भावनाओं के प्रबंधन के कारोबार में हैं। और यह मुश्किल है, क्योंकि "मैनेजर्स को कार्य का प्रबंधन करना सिखाया जाता है, कार्य के पीछे की भावनाओं का नहीं।"[८०]

आप दुर्बल करने वाले डर को जड़ से सफलतापूर्वक उखाड़ सकते हैं, बशर्ते आप डर पैदा करने वाले प्रतिमानों को बदल दें। आप लोगों को इससे उबरने के लिए प्रोत्साहित करके या उनसे सीधे तूफ़ान का सामना करने के लिए कहकर ऐसा नहीं कर सकते। इससे वे टूट जाएँगे - मन ही मन, शायद ख़ामोशी से, लेकिन निश्चित रूप से। अगर आप सचमुच लोगों की मदद करना चाहते हैं, तो आप उनके व्यवहार पर काम नहीं करते हैं, आप तो उनके प्रतिमानों पर काम करते हैं।

डर की जड़

मनोवैज्ञानिक मंदी की जड़ में जो प्रतिमान है, वह यह व्यापक विश्वास है कि लोगों के साथ जो होता है, उस पर उनका कोई नियंत्रण नहीं है। परिवर्तन की शक्तियाँ इतनी चकनाचूर करने वाली

हैं कि लोग बस शक्तिहीन हो जाते हैं। जिसे मार्टिन सेलिगमैन "सीखी हुई असमर्थता" कहते हैं, वह एक मनोवैज्ञानिक अवस्था है, जिसमें लोग असहाय होकर काम करते हैं, भले ही उनमें उस अप्रिय या कई बार तो हानिकारक परिस्थिति को बदलने की शक्ति हो।[81]

परिणाम क्या होता है? निरर्थकता का भाव लोगों को उनके काम से अलग कर देता है। वे ख़ुद को अर्थव्यवस्था, कंपनी, सहकर्मियों, पक्षपाती बॉस या "तंत्र" के शिकार के रूप में देखने लगते हैं। जूडिथ बार्डविक ने इसका वर्णन इस तरह किया है :

> मनोवैज्ञानिक मंदी एक भावनात्मक अवस्था है, जिसमें लोग आर्थिक मुसीबत के प्रति बेहद असुरक्षित महसूस करते हैं। यह उन्हें वर्तमान के स्याह दृश्य की ओर ले जाती है और भविष्य के तो और भी अंधकारमय दृश्य की ओर, जो अक्सर वर्तमान वास्तविकता पर आधारित नहीं होता है। यह उदास मानसिकता संसार के बारे में लोगों की अनुभूति को बलवान करती है कि यह एक ख़तरनाक जगह है, जिसमें उनके पास बहुत कम नियंत्रण है या बिलकुल भी नहीं है। चिंता, अवसाद और शक्तिहीनता का अहसास एक ज़हरीला मिश्रण है।[82]

लीडर के रूप में आपका काम यह है कि आप इस मानसिकता को जड़ से उखाड़ने में अपने कर्मचारियों की मदद करें। और यह करने का एकमात्र तरीक़ा यह है कि इसकी जगह पर दूसरी मानसिकता रख दी जाए। मार्टिन सेलिगमैन कहते हैं, "सोच की आदतों का हमेशा क़ायम रहना ज़रूरी नहीं है... इंसान चुन सकते हैं कि वे किस तरीक़े से सोचें।"

> **"सीखी हुई असमर्थता" एक मनोवैज्ञानिक अवस्था है, जिसमें लोग असहाय होकर काम करते हैं, भले ही उनमें उस परिस्थिति को बदलने की शक्ति हो।**

अपनी चिंता के दायरे में नहीं, अपने प्रभाव के दायरे के भीतर काम करें। हर एक के सामने ढेर सारी चिंताएँ रहती हैं - नौकरी, परिवार, राष्ट्रीय कर्ज़, इस बात की आशंका कि धूमकेतु पृथ्वी से टकरा सकता है। हम इन सारी चिंताओं को "चिंता का दायरा" कहते हैं। आम तौर पर, हम तात्कालिक चिंताओं को दूरगामी चिंताओं से अलग कर देते हैं। लेकिन भयावह रूप से अनिश्चित संसार में दूरगामी चिंताएँ तात्कालिक बन जाती हैं। हम देखते हैं कि हम जिन संस्थाओं के भरोसे थे, वे हमारे चारों ओर ढह रही हैं। हम विश्वव्यापी आर्थिक भँवर में फँसे महसूस करते हैं।

यदि हमारी मानसिकता अपनी सारी ऊर्जाओं को चिंता के दायरे पर केंद्रित करने की है, तो हम निष्क्रिय और प्रतिक्रियाशील बन जाते हैं। तब हम शिकार के अलावा किसी दूसरे तरीक़े से प्रतिक्रिया करने में अक्षम हो जाते हैं। लेकिन जिस तरह कुछ चीज़ें होती हैं, जिन पर हमारा कोई सच्चा नियंत्रण नहीं होता, उसी तरह दूसरी कुछ बातें होती हैं, जिनके बारे में हम कुछ कर सकते हैं। हम उन चिंताओं को पहचानकर बाद वाले समूह में रख सकते हैं और उन्हें अधिक छोटे प्रभाव के दायरे में सीमित कर सकते हैं।[83]

तो तरकीब यह है कि आप अपनी मानसिकता को चिंता के दायरे से हटाकर प्रभाव के दायरे की ओर ले जाएँ। ऐसा करके आप क्रियाशील बन जाते हैं - आप अपने भविष्य की बागडोर थाम लेते हैं, अब आप अपनी उपायकुशलता और पहलशक्ति का इस्तेमाल करते हैं। प्रभाव के दायरे में वे क़दम हैं, जो आप अनिश्चितता को कम करने के लिए उठा सकते हैं। अपने समय और ऊर्जा को प्रभाव के दायरे पर केंद्रित करके अपने भविष्य को नियंत्रित करने की आपकी शक्ति बढ़ जाती है।

ऐमेज़ॉन डॉट कॉम के संस्थापक जेफ़ बेज़स की सफलता पर ग़ौर करें। जब उन्होंने 1994 में अपने गैराज में कंपनी शुरू की थी, तो उनका मानना था कि नियंत्रित विकास उस अनियंत्रित झूले से

बेहतर था, जिस पर दूसरी कंपनियाँ डॉटकॉम बूम के दौरान झूल रही थीं। वे इस बारे में पूरी तरह पारदर्शी थे कि वे किन चीज़ों को नियंत्रित कर सकते थे और किन्हें नहीं। वे जानते थे कि उनकी कंपनी लंबे समय तक लाभकारी नहीं हो पाएगी और उन्होंने अपने शेयरधारकों के सामने यह बात स्पष्ट कर दी थी। (उनके कारोबार के लिए उनके सपने - पहले यह सिर्फ़ एक ऑनलाइन बुकस्टोर था - में भारी पूँजी और कर्ज़ लेने की आवश्यकता थी।)

बेज़स जो करना चाहते थे, वह था एक सावधानीपूर्वक नियंत्रित तरीक़े से संसार का सबसे बड़ा रिटेलर बनना। इसीलिए उन्होंने इसे "ऐमेज़ॉन" नाम दिया, जो संसार की सबसे बड़ी नदी है, हालाँकि यह ऐंडीज़ के पर्वतों में एक छोटी सी धारा के रूप में शुरू होती है। सिएटल के गोदाम से पुस्तकों की जो छोटी सी धारा निकली, वह अब हर क़िस्म के उत्पाद की शक्तिशाली बाढ़ बन चुकी है, लेकिन बेज़स ने इसे ऐसा बनाने के लिए सावधानीपूर्वक दिशा दी।

बेज़स ने अपने प्रभाव के दायरे के भीतर सावधानी से काम किया। उन्होंने सतर्क तरीक़े से कारोबार के उन पहलुओं को देखा, जो ग्राहकों के लिए सचमुच महत्वपूर्ण थे। उन्होंने इंटरनेट के "गोल्ड रश" के अनियंत्रित भँवर पर कोई ध्यान नहीं दिया। डॉटकॉम त्रासदियों, कम पूँजी और कम विचारशील हज़ारों अनियंत्रित कारोबारों के बीच भी वे उस दायरे के भीतर बने रहे। वे एक कुख्यात रूप से नियंत्रण-से-बाहर हो रहे उद्योग में थे, जहाँ दूसरे लोग भारी दौलत बना रहे थे और फिर रातोंरात उसे गँवा रहे थे, लेकिन इसके बावजूद वे उस दायरे के भीतर बने रहे। जब उनका विकास हुआ, तो उन्होंने बहुत सावधानी से अपनी डिलिवरी प्रक्रिया के विवरणों को तराशा, ताकि यह तेज़, दोषहीन, सस्ती और

> **किसी भी समय जब आप सोचते हैं कि समस्या "वहाँ बाहर" है, तो यह विचार स्वयं अपने आप में एक समस्या है।**

"सीवनरहित" बन जाए – जो उनका प्रिय शब्द है। मंत्र यह था कि "इसे आसान बनाओ और इसे सस्ता बनाओ," जब तक कि यह "एक क्लिक" करने जितना सरल न हो जाए।

कंपनी आख़िरकार 2001 में मुनाफ़े में आई। आठ साल बाद बेज़स ने दशकों की सबसे भारी मंदी के बीच अपनी सबसे बड़ी बाधा पार की : ऐमेज़ॉन कर्ज़मुक्त हो गई।

अपने प्रभाव के दायरे पर ध्यान केंद्रित करके आप अनिश्चितता के घटक को अपने आप हरा देते हैं। आप उस पर ध्यान केंद्रित करते हैं, जिसकी भविष्यवाणी की जा सकती है। किसी भी समय जब आप सोचते हैं कि समस्या "वहाँ बाहर" है, तो यह विचार स्वयं अपने आप में एक समस्या है। जो भी बाहर होता है, उसे ख़ुद पर हावी होने की शक्ति हम ख़ुद देते हैं। "बाहर से अंदर" का प्रतिमान यह होता है – बाहर की किसी चीज़ को बदलना होगा, उसके बाद ही हम बदल सकते हैं।

लेकिन क्रियाशील नीति है अंदर से बाहर की ओर बदलना : हम अधिक उपायकुशल बन सकते हैं, अधिक मेहनती बन सकते हैं, अधिक रचनात्मक बन सकते हैं, अधिक सहयोगी बन सकते हैं।[84]

"वहाँ" बाहर जो है, उसकी प्रकृति ही ऐसी है कि उसे नियंत्रित नहीं किया जा सकता। आप तो सिर्फ़ उसे ही नियंत्रित कर सकते हैं, जो आपके भीतर है, जैसा कि ऐमेज़ॉन डॉट कॉम की कहानी इतनी अच्छी तरह प्रदर्शित करती है।

और निश्चित रूप से, आप दूसरे लोगों को नियंत्रित नहीं कर सकते।

यह लीडरों की बहुत गंभीर ग़लती है और यह कार्यस्थल पर डर का प्राथमिक स्त्रोत है।

नेतृत्व के "ज्ञान युग" के प्रतिमान को अपनाएँ। कई लीडरों

अब भी नेतृत्व के "औद्योगिक युग" के प्रतिमान को जकड़े हुए हैं। औद्योगिक युग के लीडर के लिए कर्मचारी मशीनों की तरह होते हैं, जिन्हें कार्यकुशलता से नियंत्रित किया जाता है। सुपरवाइज़र्स उनकी पीठ के पीछे खड़े रहते हैं, ताकि ऊपर से दिए गए आदेशों का सख़्ती से पालन सुनिश्चित करें। यह एक ऐसा कार्य परिवेश होता है, जहाँ लकीर से बाहर क़दम रखने के परिणाम भयावह होते हैं।

इस तरह का परिवेश लोगों में डर क्यों उत्पन्न करता है? किस प्रकार के डर? बुनियादी तौर पर यह नुक़सान का डर होता है - नौकरी का नुक़सान, व्यक्तिगत गरिमा का नुक़सान, सुरक्षा का नुक़सान, सामाजिक पद का नुक़सान या आत्मसम्मान का नुक़सान। शायद और भी गहराई में देखने पर वे उस निरर्थकता से डरते हैं, जो एक रचनात्मक, विचारशील, उद्देश्यपूर्ण इंसान के रूप में व्यवहार किए जाने के बजाय एक मशीन की बेदिमाग़ कील जैसे व्यवहार से आती है।

एक अर्थ में, औद्योगिक युग निश्चित परिणाम पाने के बारे में था - वही कार, वही औज़ार, वही चाय का प्याला या टोस्टर - हर बार। यहाँ विसंगति क्या है? अनिश्चितता को दूर करने की खोज में लीडरों ने अंततः उसे ही बाहर निकाल दिया, जो अनिश्चित दौर में सबसे अनिवार्य था : ढलने की योग्यता। औद्योगिक युग की कठोरता से नियंत्रित मानसिकता ने उस पहलशक्ति और उपायकुशलता का गला दबा दिया, जिसकी ज़रूरत संगठन को एक ऐसे संसार में बचने के लिए थी, जो अति, अज्ञात और असंभावित के द्वारा शासित था। और हम परिणाम देख चुके हैं। औद्योगिक युग की कंपनियाँ एक के बाद एक इतिहास में दफ़न होती चली गईं।

"ज्ञान युग" का नेतृत्व कहीं अधिक प्रभावी प्रतिमान है। ज्ञान युग में कर्मचारियों को उनके अनूठे योगदान - सीखने, ढलने, नवाचार करने, उद्यमी के रूप में अवसरों को जकड़ने की उनकी योग्यता - के लिए महत्व दिया जाता है। अब वे मशीन जैसे नहीं

माने जाते, जिनका स्विच चालू या बंद किया जाता है और सूची/सारणी के हिसाब से उन्हें निकाल दिया जाता है। ज्ञान युग में नेतृत्व करने के लिए आपको भिन्न (यहाँ तक कि बाधाकारी) दृष्टिकोण को मुक्त करने, बाहर निकालने और महत्व देने के प्रतिमान की ज़रूरत होती है। आप मिशन के प्रति उत्साह से लोगों को प्रेरित करते हैं।

अनिश्चितता को दूर करने के प्रयास में लीडरों ने अंततः उसे ही बाहर निकाल दिया, जो अनिश्चित दौर में सबसे अनिवार्य था : ढलने की योग्यता।

जब कैटरीना नामक तूफ़ान ने अमेरिका के मिसिसिपी राज्य को ध्वस्त किया, तो ज़्यादातर विद्युत ग्रिड नष्ट हो गई। तूफ़ान ने राज्य के दक्षिणी हिस्से की अधिकतर विद्युत लाइनें उखाड़ डालीं। लगभग 2 लाख लोग बिना बिजली के हो गए। मिसिसिपी पॉवर का मुख्यालय तबाह हो गया और इसके आपदा प्रतिक्रिया केंद्र में बाढ़ आ गई। बिजली बहाल होने का सबसे आशावादी अनुमान एक महीने का था।

संकट के एक दिन पहले मेल्विन विल्सन मिसिसिपी पॉवर में मार्केटिंग मैनेजर थे। अगले दिन वे "तूफ़ान बचाव" के प्रभारी बन गए और 11,000 लोगों के कर्मीदल के लिए ज़िम्मेदार थे, जिनका काम सफ़ाई करना और हज़ारों घरों तथा दफ़्तरों में बिजली लौटाना था। कर्मीदल के 80 प्रतिशत लोग मिसिसिपी पॉवर में काम नहीं करते थे - उन्हें तो देश के दूसरे इलाक़ों से आपातकालीन स्थिति में मदद करने के लिए लाया गया था। *यूएसए टुडे* के अनुसार :

> विल्सन को नर्सों, बिस्तरों, भोजन, टेटनस इंजेक्शन्स, लॉन्ड्री सेवाओं, शॉवर्स, टॉयलेट्स और बहुत सी चीज़ों की ज़रूरत थी - और उन्हें उनकी ज़रूरत तुरंत थी। और उन्हें कंपनी के "सबसे बुरे परिदृश्य" में बताए गए सामान से दोगुनी संख्या में सामान की ज़रूरत थी। और

> उन्हें इन सारी चीज़ों की ज़रूरत ऐसी जगहों में थी, जहाँ कोई बिजली नहीं थी, कोई पाइप लाइन नहीं थी, कोई फ़ोन नहीं थे, रोड साइन बहुत कम थे और छुटपुट लूटपाट भी थी। विल्सन का फ़ोन काम नहीं कर रहा था, यह उनकी बदक़िस्मती थी। अगर वे असफल हो गए, तो लोग भूखे रहेंगे, अस्पतालों में अँधेरा छाया रहेगा और उनके समुदाय के कष्ट लंबे खिंचेंगे। "मेरे रोज़मर्रा के काम ने मुझे इसके लिए तैयार नहीं किया था," विल्सन कहते हैं, और जज़्बात के कारण उनकी आवाज़ रुँध जाती है, जब वे 11,000 लोगों को खाना खिलाने के बोझ को याद करते हैं।

विल्सन और उनकी टीम ने काम कर दिया। यही नहीं, उन्होंने इसे अनुमानित समय से आधे से भी कम में कर दिया। तूफ़ान के बारह दिन बाद पूरे मिसिसिपी राज्य में विद्युत व्यवस्था बहाल हो गई।

उन्होंने यह कैसे किया?

देखिए, यह कुछ साल पहले संभव नहीं था। आपातकालीन स्थिति पर प्रतिक्रिया शिखर से तय होती थी और आदेश मुख्यालय से आते थे। मैदान के कर्मीदल को यह बताए जाने का इंतज़ार करना होता था कि उसे क्या करना है।

आज हर चीज़ भिन्न है। मौक़े पर मौजूद कर्मीदल अपने निर्णय स्वयं लेते हैं। काम करने के लिए उन्हें जिन चीज़ों की ज़रूरत होती है, उनका वे जुगाड़ करते या ख़रीदते हैं। एक टीम ने बर्फ़ बनाने वाली एक मशीन से जेनरेटर निकाला, ताकि एक इलेक्ट्रिकल सबस्टेशन में बिजली आ सके। कालाबाज़ारी करने वाले लोग शॉवर और बिस्तर लगाने के भारी दाम माँग रहे थे, इसलिए कर्मीदल ने अपने शॉवर टेंट बनाए। अपने रिपेयर ट्रकों के लिए पर्याप्त ईंधन ख़रीदने में असमर्थ होने पर कर्मीदल ने डीज़ल के लिए अदला-बदली

का सौदा किया। उन्होंने एक रिफ़ाइनरी और पाइपलाइन की विद्युत व्यवस्था बहाल की, ताकि उन्हें ईंधन की स्थायी आपूर्ति मिल सके। मिशन पूरी विद्युत व्यवस्था को बहाल करना था – और इस मिशन को हासिल करने में उन्होंने हर उम्मीद को पार कर लिया।

"कर्मीदल तार लटका रहे थे, खंभे लगा रहे थे, ट्रांसफ़ॉर्मर्स बदल रहे थे और सबस्टेशन दुरुस्त कर रहे थे, वह भी इतनी तेज़ गति से जो पहले कभी नहीं देखी गई थी," मिसिसिपी पॉवर के तत्कालीन प्रेसिडेंट ऐंथनी टोपाज़ी ने कहा।

टीमवर्क के इस स्तर के बारे में और भी चौंकाने वाली बात यह थी कि इसमें निःस्वार्थता भरी हुई थी। कर्मीदल के सदस्यों ने ये सारी चीज़ें इस पूरे ज्ञान के साथ कीं कि उनके ख़ुद के घरों में बाढ़ आई हुई थी और उनके अपने परिवार कष्ट में थे।

किस चीज़ ने मिसिसिपी पॉवर का कायाकल्प कर दिया, जो कभी एक निष्क्रिय, ऊपर से नीचे की व्यवस्था वाला संगठन था और इस संकट से दब जाता! यह कैसे एक क्रियाशील, निर्णयात्मक संगठन बना, जिसने संकट में सारी उम्मीदों को पार कर लिया?

कंपनी ने अपने कर्मचारियों की बागडोर कसने के बजाय ढीली छोड़ने की मानसिकता अपनाई थी। "मिसिसिपी पॉवर ने अपनी संस्कृति ... *अति प्रभावकारी लोगों की 7 आदतें* में सराबोर कर ली थी।" अख़बार की ख़बरों के अनुसार "जीत-जीत" और "प्रोएक्टिव बनें" जैसे सिद्धांत "त्वरित कर्म और उसी जगह पर नवाचार के कारक" बन गए।[85] हर सहयोगी ने प्रभावकारिता के सिद्धांत सीख लिए थे। कंपनी के लीडरों ने उन सिद्धांतों को आत्मसात कर लिया था और कर्मचारियों को उनके सर्वश्रेष्ठ प्रयासों का योगदान देने के लिए स्वतंत्र छोड़ दिया था।

विश्वास मानव प्रेरणा का सर्वोच्च स्वरूप है। मिसिसिपी पॉवर ने कर्मचारियों पर वह करने के लिए भरोसा किया, जो काम करने

के लिए आवश्यक था। कंपनी ने उन्हें यह नहीं बताया कि क्या करना है। कंपनी ने नेतृत्व का एक बिलकुल नया प्रतिमान अपना लिया था।

- वे औद्योगिक युग के नियंत्रण के प्रतिमान से निकलकर ज्ञान युग के स्वतंत्रता के प्रतिमान पर आ गए थे।
- वे इस प्रतिमान से बाहर निकल आए थे कि सभी कर्मचारी एक से होते हैं और एक की जगह पर दूसरे को आसानी से बदला जा सकता है। वे इस प्रतिमान में पहुँच गए थे कि कर्मचारियों में अनूठे गुण और कुशलता है, जिसका कंपनी ने पहले कभी दोहन नहीं किया था।
- वे विधियों के बजाय परिणामों पर ध्यान केंद्रित करने लगे थे। काम कैसे किया जाए, कर्मचारियों को यह बताने के बजाय लीडरों ने भरोसा किया कि वे यह ख़ुद ही सोच लेंगे। कोई डराने वाला सुपरवाइज़र नहीं था। लीडरों ज़मीन पर काम कर रहे लोगों के लिए संसाधन बन गए, जिनका काम था काम को पूरा करना।

कुंजी है डर पर आधारित प्रबंधन के स्थान पर ऐसा नेतृत्व लाना, जो नेतृत्व की प्रकृति को बदल दे और कर्मचारियों को उनका योगदान देने के लिए स्वतंत्र कर दे। कर्मचारी स्वंय अपना बॉस बन जाता है। वह अंतरात्मा से संचालित होता है, जिसमें पहले से तय वांछित परिणामों के प्रति समर्पण शामिल होता है। लेकिन यह कर्मचारी की रचनात्मक ऊर्जाओं को भी आवश्यक कार्य करने की दिशा में मुक्त करता है, बशर्ते यह वांछित परिणामों को हासिल करने के लिए सही सिद्धांतों के सामंजस्य में हो।[86]

विश्वास मानव प्रेरणा का सर्वोच्च स्वरूप है।

कैटरीना संकट पर मिसिसिपी पॉवर की प्रतिक्रिया दर्शाती

है कि लोग तनख़्वाह, आत्मरक्षा या बॉस के डर के बजाय किसी महत्वपूर्ण मिशन से कहीं अधिक प्रेरित होते हैं। मनोवैज्ञानिक अब्राहम मैस्लो का मानना था कि बुनियादी आत्मरक्षा मानव आवश्यकताओं के वर्गीकरण में पहले स्थान पर आती है, जबकि "स्वयं का वास्तविकीकरण" - उच्च उद्देश्य की संतुष्टि - वर्गीकरण में आख़िरी स्थान पर आता है।[87] लेकिन किसी महत्वपूर्ण मिशन में लोग असाधारण काम कर जाएँगे, भले ही उनकी अधिक बुनियादी आवश्यकताएँ जोखिम में हों। अंतरात्मा उन्हें संचालित करती है; उनकी सृजनात्मक ऊर्जाएँ सतह पर आ जाती हैं। जब मिशन मायने रखता है और उसे पूरा करने के लिए उन पर भरोसा किया जाता है, तो लोग अपने डर को जीत लेते हैं।

मिसिसिपी पॉवर के प्रेसिडेंट टोपाज़ी कहते हैं, "तूफ़ान के पहले, उसके दौरान और उसके बाद हमारे कर्मचारियों ने व्यक्तिगत क्षति के बावजूद दिशा और एकाग्रता का अहसास क़ायम रखा। उन्होंने संगठनात्मक महानता, फॉलो-थ्रू, टीमवर्क और व्यक्तिगत प्रभावकारिता का प्रदर्शन किया - ऐसे गुण जो डॉ. कवी के सिद्धांतों के आधार को प्रदर्शित करते हैं।"[88]

बहुत सारे संगठन औद्योगिक युग के खुमार की वजह से परेशान हैं। कर्मचारियों के साथ वस्तुओं जैसा बर्ताव किया जाता है, मानो उन्हें आपस में बदला जा सकता हो, मानो वे बस बैलेंस शीट के ख़र्च हों, जिनसे बचा नहीं जा सकता। उनके दिलोदिमाग़ का सम्मान समाधानों और समर्पण के स्त्रोत के रूप में नहीं किया जाता है। अगर उन्होंने "लाइन के बाहर क़दम रखा," तो उन्हें अपना भविष्य गँवाने का डर रहता है। मजबूरी में वे वह सब करते हैं, जो उनसे कहा जाता है। ख़तरा : संकट में लीडरों को अधिक

जब मिशन मायने रखता है और उसे पूरा करने के लिए उन पर भरोसा किया जाता है, तो लोग अपने डर को जीत लेते हैं।

प्रलोभन होता है कि वे औद्योगिक युग के नियंत्रणकारी प्रतिमान में और पीछे चले जाएँ तथा डर के माहौल को अधिक गहरा बना दें।

संकट से निबटने में डर कम करना आपकी शीर्ष प्राथमिकता क्यों होनी चाहिए?

क्योंकि यह अनिश्चित दौर में निश्चित परिणाम पाने की कुंजी है।

अगर मिशन पर्याप्त महत्त्वपूर्ण है, तो आपको इस पर काम करने वाले लोगों को भयभीत नहीं रखना चाहिए। विसंगतिपूर्ण बात यह है कि नियंत्रण जितने कठोर होते हैं, आप उतना ही अधिक डर उत्पन्न करते हैं और आपके मिशन हासिल करने की उतनी ही कम संभावना होती है। यह सहज बोध के विपरीत लेकिन सच है कि जब गुणी, ऊर्जावान, कुशल लोगों को किसी ऊँचे मिशन को हासिल करने के लिए स्वतंत्र छोड़ दिया जाता है, तो वे इसे हासिल करने का रास्ता खोज लेंगे। आप उन पर भरोसा कर सकते हैं। आपको उनके बारे में चिंता करने की कोई ज़रूरत नहीं है।

और यह निश्चित बात है।

"डर कम करने" की योजना

यह नियोजन औज़ार आपको सटीकता से बताएगा कि आप डर कम करने और अपनी टीम की संलग्नता बढ़ाने के लिए इस वक़्त कौन से काम कर सकते हैं। हर सवाल के साथ समय लें। अपने संगठन में अपने बॉस, अपनी टीम और अपने सहकर्मियों से ये सवाल पूछें।

- हम अपने चिंता के दायरे में किन चीज़ों पर ध्यान केंद्रित कर रहे हैं, जो हमारे नियंत्रण के बाहर हैं और इस तरह हम अपनी ऊर्जा बर्बाद कर रहे हैं?
- हम अपने प्रभाव के दायरे में किन चीज़ों पर ध्यान केंद्रित कर सकते हैं, जो हमारे भविष्य पर सर्वाधिक फ़र्क़ डालेंगी?
- कौन सी आदतें, तंत्र या प्रक्रियाएँ औद्योगिक युग की अवशेष हैं?
- ज्ञान युग में पहुँचने के लिए हम उन आदतों, तंत्रों और प्रक्रियाओं की जगह पर क्या नया रख सकते हैं?

सीखने के लिए सिखाएँ

सीखने का सबसे अच्छा तरीक़ा सिखाना है। यह मानी हुई बात है कि शिक्षक विद्यार्थी से कहीं अधिक सीखता है। यदि आप इस अध्याय में सीखी हुई बातों को सचमुच आत्मसात करना चाहते हैं, तो अगले दिन किसी - सहकर्मी, मित्र या परिवार के सदस्य - को खोजें और उसे ये ज्ञानवर्धक बातें सिखाएँ। यहाँ दिए विचारोत्तेजक प्रश्न पूछें या स्वंय अपने प्रश्न बना लें।

- आर्थिक मुश्किलें "मनोवैज्ञानिक मंदी" उत्पन्न क्यों करती हैं? आपके हिसाब से इस शब्दावली का क्या मतलब है?
- उथलपुथल भरी अर्थव्यवस्था में लोग किस प्रकार के डरों के शिकार होते हैं?
- "मनोवैज्ञानिक मंदी" की कर्मचारियों और संगठनों को क्या क़ीमत चुकानी पड़ती है?
- उथलपुथल भरे समय में लीडरों ऐसा क्या कर सकते हैं, जिससे कर्मचारियों का डर दूर हो जाए?
- डर से उबरने में स्पष्ट मिशन और दिशा की क्या भूमिका है?
- आपके हिसाब से आपके लीडरों को संकट में आपसे क्या कहना चाहिए?
- कई बार लीडरों डर को कम करने के बजाय अधिक डर उत्पन्न करने के लिए क्या करते हैं?
- कर्मचारियों पर बहुत ज़्यादा नियंत्रण करने के क्या परिणाम होते हैं?
- आप अपनी टीम के डर को दूर कैसे करेंगे?

* * *

उपसंहार

शायद हम यह सोच ही न पाएँ कि हम एक बहुत ख़तरनाक और अस्थिर दिखने वाले संसार से एक समृद्ध, स्थिर और बेहतर भविष्य बना सकते हैं। लेकिन हम यह काम कर सकते हैं।

–जॉशुआ कूपर रैमो

अंत में कुछ विचार।

टुअर ड फ़्रांस में रेस पहाड़ों में जीती जाती है।

इसी तरह, चाहे कारोबार में हो या शिक्षा या सरकार में, सफल संगठन वही होता है, जो अनिश्चित दौर में निश्चित अच्छे परिणाम देता है।

दो कैमरा बनाने वाली कंपनियों का उदाहरण देखें।

पॉलेरॉइड और कैनन दोनों ही कंज़्यूमर फ़ोटोग्राफ़ी के क्षेत्र में दिग्गज कंपनियाँ थीं। और कुछ साल पहले वे दोनों ही "पहाड़ों पर" थीं - डिजिटल कैमरे की बाधाकारी नई प्रौद्योगिकी की वजह से।

1990 के दशक में पॉलेरॉइड विजेता नज़र आ रही थी। उनका ज़माने से सम्मानित इंस्टैंट कैमरा रेज़र था और फ़िल्म भी रेज़र ब्लेड। नए मॉडलों की बाढ़ से बिक्री बढ़ रही थी - लड़कियों के लिए बार्बी कैमरा, ऑफ़िस के लिए बिज़नेस प्रो कैमरा, टीन्स के लिए

आई-ज़ोन आदि। सस्ते कैमरे को लगभग मुफ़्त में देने और महँगी फ़िल्म पर तगड़ा मुनाफ़ा कमाने का पुराना बिज़नेस मॉडल पहले से भी बेहतर दिख रहा था।

2001 में पॉलेरॉइड दिवालिया हो गई। इसके शेयर का भाव लगभग 100 प्रतिशत गिर गया। 1997 में यह 60 डॉलर था, जो गिरकर 28 सेंट हो गया। सारी बची हुई संपत्ति बेच दी गई।[89]

इसके विपरीत, 1990 के दशक के अंत में कैनन डिजिटल फ़ोटोग्राफ़ी में सुनियोजित रूप से आगे बढ़ी और समृद्ध हुई। 2001 में कैनन ने अपने पहले मास-मार्केट डिजिटल कैमरे बेचे - सस्ते, विश्वसनीय और फ़िल्म कारोबार से स्वतंत्र। ये कैमरे हिट हो गए। शेयर के भाव निश्चित रूप से बढ़े, जैसे कि कैनन के शेयर के भाव उसी दिन से हमेशा बढ़ रहे थे, जब गोरो योशिडा ने जापान में 1933 में अपना पहला "क्वानॉन" कैमरा बेचा था।

2008-09 की मंदी में कैनन का शेयर उससे भी दोगुने दाम पर था, जितना यह 1997 में टेक्नोलॉजी बूम के शिखर पर था। बिक्री में भारी मंदी के बावजूद कैनन का प्रॉफ़िट मार्जिन इसके प्रतिस्पर्धियों से कहीं अधिक था। साल दर साल इसे यूरेशिया और अमेरिका में कैमरों का "सबसे विश्वसनीय ब्रांड" चुना गया।

एक टीम "पहाड़ों पर" क्यों गिर जाती है, जबकि दूसरी जीत की दिशा में निश्चित रूप से बढ़ती जाती है?

पहाड़ों पर सफलता के सिद्धांत समयसिद्ध होते हैं और दरअसल कभी नहीं बदलते हैं :

- उत्कृष्टता के साथ प्राथमिकताओं पर अमल करें।
- विश्वास की गति से आगे बढ़ें।
- कम के साथ अधिक हासिल करें।
- डर कम करें।

जो टीमें इन सिद्धांतों के अनुरूप नहीं जीती हैं, वे मुश्किल दौर में अवश्यंभावी रूप से दौड़ से बाहर हो जाती हैं। वे अपनी रणनीतिक प्राथमिकताओं को नज़रों से ओझल कर देती हैं। वे उस गति को गँवा देती हैं, जो टीम के विश्वसनीय साथियों, तंत्रों और प्रक्रियाओं के होने से मिलती है। वे किए जाने वाले काम पर से फ़ोकस हटा देती हैं। और आख़िरकार, वे ख़ुद में विश्वास गवाँ देती हैं।

पॉलेरॉइड ने पहाड़ पर पूरी गति से चढ़ना शुरू किया था। पहले तो यह कंपनी डिजिटल फ़ोटोग्राफ़ी विकसित करने में दूसरों से आगे थी, लेकिन कंपनी के बिज़नेस मॉडल में आंतरिक स्पष्टता नहीं होने के कारण अमल में घातक विलंब हुआ। डिजिटल कैमरे का विकास धीमा हो गया और वह निवेश की कमी से जूझता रहा। प्राथमिकताओं के बारे में दुविधा के चलते पॉलेरॉइड ने इस पर से ध्यान हटा लिया कि ग्राहक सचमुच क्या चाहते थे। फ़िल्म की बिक्री पर आधारित पुराने बिज़नेस मॉडल की वजह से ग्राहक का जीवन अधिक महँगा और जटिल हो गया था। जब डिजिटल कैमरे ने फ़िल्म की आवश्यकता को ख़त्म कर दिया, तो उपभोक्ताओं ने लगभग रातोंरात पॉलेरॉइड को नज़रों से गिरा दिया।

स्थिति और भी बदतर हो गई, जब पॉलेरॉइड के शीर्ष प्रबंधन ने अपने ग्राहकों का विश्वास खो दिया, क्योंकि इसने तब तगड़े बोनस लिए, जब आधे कर्मचारियों की छँटनी हो रही थी।[91] आख़िरी हथौड़ा सन् 2000 में टेक्नोलॉजी स्टॉक्स का पतन था। जब बाज़ार में डर फैला, तो पॉलेरॉइड लुढ़कता चला गया।

कैनन भी उसी समय उसी पहाड़ पर चढ़ा था - डिजिटल टेक्नोलॉजी का बाधाकारी परिवर्तन। लेकिन उसकी कहानी बहुत अलग थी। उसने सिर्फ़ यही नहीं देखा कि ग्राहक क्या करने की कोशिश कर रहे थे, बल्कि यह भी देखा कि उन्हें कैसा अनुभव मिल रहा था। जब उसे अहसास हुआ कि डिजिटल कैमरा ग्राहक के

लिए अधिक आसान था, तो कैनन ने डिजिटल कैमरे के लिए एक पूरा डिवीज़न खड़ा कर दिया। इसमें रणनीति की पूरी, साझी समझ शामिल थी। अंततः जैसी कई लोगों को उम्मीद थी, यह डिवीज़न ही अंततः पूरा कारोबार बन गया।[92]

अंदर की बात यह है कि कैनन ने मुनाफ़े में हिस्सेदारी के *तीन-सूत्री* सिद्धांत पर चलकर विश्वास बनाया है, सबसे पहले कर्मचारी, फिर निवेशक और अंत में प्रबंधन। कंपनी तीन समयसिद्ध प्रबंधन "स्तंभों" के साथ कर्मचारियों की निष्ठा को भी बल देती है : "सक्षमता पर आधारित पदोन्नति, स्वास्थ्य को शीर्ष प्राथमिकता, और परिवार सबसे पहले आता है।"[93] आर्थिक परिवेश कैसा भी रहा हो, निश्चित उत्कृष्ट परिणामों के ट्रैक रिकॉर्ड के कारण कैनन पूँजी बाज़ार में शीर्ष विकल्प बना हुआ है। ग्राहक, कर्मचारी और निवेशक विश्वास के साथ भविष्य की ओर देखते हैं।

आपकी टीम की कैसी स्थिति है? आप पॉलेरॉइड जैसे हैं या कैनन जैसे? क्या आप निश्चित परिणाम पाने के लिए तैयार हैं - चाहे दौर कितना भी अनिश्चित हो?

ख़ुद से अपनी टीम या कार्यसमूह के बारे में आगे दिए प्रश्न पूछें। लागू होने वाले बॉक्स में निशान लगा दें।

	हाँ	नहीं
क्या हर सदस्य सटीकता से जानता है कि टीम के लक्ष्य क्या हैं?		
क्या टीम का हर सदस्य जानता है कि इन लक्ष्यों को हासिल करने में उसकी भूमिका क्या है?		
क्या टीम का हर सदस्य स्कोर जानता है? दूसरे शब्दों में, क्या हर कोई जानता है कि सफलता के पैमाने क्या हैं और उन पैमानों के संदर्भ में टीम कहाँ पर है?		
क्या टीम के सदस्य नियमित रूप से और अक्सर (कम से कम सप्ताह में एक बार) मिलते हैं, ताकि टीम के लक्ष्यों पर प्रगति के बारे में एक दूसरे के प्रति जवाबदेह हो सकें?		
क्या आप सक्रियता से "बीच वाले हिस्सें" का सही प्रबंधन कर रहे हैं - अपने सर्वश्रेष्ठ प्रदर्शकों के प्रदर्शन स्तरों की ओर बढ़ने में हर एक की मदद कर रहे हैं?		
क्या रिपीट बिज़नेस आपकी आमदनी का महत्वपूर्ण हिस्सा है?		
क्या आपके यहाँ से कर्मचारियों के नौकरी छोड़कर जाने की दर आपके उद्योग के लिहाज़ से कम है?		
क्या आपको विश्वास है कि आप वही काम कर रहे हैं, जो आपके ग्राहक सचमुच चाहते हैं कि आप उनके लिए करें?		
क्या आपके ग्राहकों का आपके साथ आसान, सुव्यवस्थित अनुभव होता है?		
क्या टीम के सदस्य मिशन से इतने ऊर्जावान हो जाते हैं कि वे डर और चिंता से नहीं घबराते हैं?		
कुल हाँ/नहीं		
कुल स्कोर = हाँ की संख्या		

स्कोर	
9–10	आप निश्चित परिणाम पाने के लिए अच्छी स्थिति में हैं, चाहे दौर कैसा भी रहे।
7–8	आप मुश्किल दौर में असमान परिणाम पाने वाले हैं।
5–6	आपकी टीम को उथलपुथल भरे दौर में झटकों भरी यात्रा मिलेगी।
3–4	आपका अस्तित्व गंभीरता से ख़तरे में है।
0–2	बाहर निकलते समय बत्तियाँ बुझाने और दरवाज़ा बंद करने की याद रखें।

पूरी स्पष्टवादिता से कहा जाए, तो अगर आपने ऊपर दिए किसी भी सवाल का जवाब नहीं में दिया है, तो आपको "पहाड़ों पर" गंभीर मुश्किल पेश आने का जोखिम है। वे लोग आपसे आगे निकल जाएँगे, जो उत्कृष्टता से अमल करते हैं, जिन पर उच्च विश्वास किया जाता है, जो वे काम अधिक करते हैं, जिन्हें ग्राहक सचमुच कराना चाहता है और जो कर्मचारियों को एक सार्थक उद्‌देश्य से जोड़ते हैं, जिसमें वे यक़ीन कर सकें।

यह दौर भी, जैसा कि हर दौर के साथ होता है, अनिश्चित है। आप भविष्य की सभी अनिश्चितताओं का अनुमान लगाकर निश्चितताओं पर नहीं पहुँच सकते। लेकिन कुछ सिद्धांत हैं, जिन पर इस अस्थिर दौर में भी भरोसा किया जा सकता है :

- आप पहाड़ों पर सिर्फ़ कुछ ही चीज़ें पैक कर सकते हैं – इसलिए बेहतर है कि वे महत्वपूर्ण चीज़ें हों।
- आप पर सिर्फ़ उतना ही विश्वास किया जाएगा, जितने विश्वास के आप योग्य हैं।
- यदि ग्राहकों को सचमुच वह चाहिए, जो आप बेचते हैं, तो

वे इसके लिए भुगतान करने का कोई तरीक़ा खोज लेंगे।

- डर से अधिक शक्तिशाली एक ही चीज़ होती है और वह है उद्देश्य - इसलिए अपने उद्देश्य को शक्तिशाली बनाएँ।

ये सिद्धांत आपको कभी नीचा नहीं दिखाएँगे, बल्कि आपको आसमान की बुलंदियों पर ले जाएँगे।

Notes

1. We are aware of the doping scandals surrounding the Tour de France and other events like the Olympics. We certainly do not approve of cheating in any form, including doping. Of course, we do not know all the facts. Still, we find the example of expert cycling teams "in the mountains" helpful in understanding success under extreme and unpredictable conditions.

2. "Succeeding in the New Economic Environment," *Report of the IBM Institute for Business Value,* Mar. 2009, p. 12.

3. IBM Institute Report, p. 4.

4. "Riding in Fast Company: Lance Armstrong and Team USPS," *Fast Company,* Feb. 8, 2008.

5. "CEO Challenge 2008: Top 10 Challenges," *Report of the Conference Board,* Nov. 2008, p. 5.

6. *FranklinCovey xQ Database Averages,* Dec. 31, 2008; "The Execution Quotient," FranklinCovey white paper, Mar. 3, 2004. FranklinCovey's xQ Survey has helped 150,000 people in thousands of organizations pinpoint ways to improve their execution discipline.

7. Erika Herb, et al., "Teamwork at the Top," *McKinsey Quarterly,* Aug. 2002.

8. IBM Institute Report, p. 12.

9. Robert S. Kaplan and David P. Norton, "Strategy Execution Needs a System," *HarvardBusiness.org Voices,* Apr. 20, 2009.

10. "The Crash of Eastern Airlines 401," http://eastern401.googlepages.com/home.

11. Orit Gadiesh and Hugh MacArthur, *Lessons from Private Equity Any Company Can Use.* Harvard Business Press, 2008, p. 16.
12. John W. Miller, "Maersk: Container Ship Cuts Costs to Stay Afloat," *The Wall Street Journal,* Apr. 8, 2009.
13. A. P. Moller-Maersk A/S, Annual Report 2008.
14. *FranklinCovey xQ Database Averages.*
15. "Maersk Container Industry Case Study," FranklinCovey Center for Advanced Research, http://franklincoveyresearch.org/documents/textsearch?criteria=maersk.
16. Nassim Nicholas Taleb, *The Black Swan: The Impact of the Highly Improbable,* New York: Random House, 2007, p. 204.
17. Gadiesh and MacArthur, p. 19.
18. *Everest: Taking the Team to the Summit,* FranklinCovey InSights video.
19. Gadiesh and MacArthur, p. 24.
20. Brion O'Connor, "American Flyers," *ESPN,* http://sports.espn.go.com/espnmag/story?section=magazine&id=3742027.
21. "Driving Business Results Through Continuous Engagement," *2008/2009 WorkUSA Survey Report,* Watson Wyatt Worldwide, 2009, p. 1.
22. "The Economic Impact of the Achievement Gap in America's Schools: Summary of Findings," *McKinsey Quarterly,* April 2009.
23. Thomas Friedman, "Swimming Without a Suit," *The New York Times,* Apr. 21, 2009.
24. Bill Amelio, "Navigating the Downturn," *INSEAD Knowledge,* April 2009.
25. David L. Cooperrider and Diana Whitney, *Appreciative Inquiry: A Positive Revolution in Change,* Berrett-Koehler, 2005.

26. Stephen R. Covey, "8th Habit Leadership: Unleashing Potential," *Chief Learning Officer* Oct. 2005.

27. Gautam Naik, "Hospital Races to Learn Lessons of Ferrari Pit Stop," *The Wall Street Journal,* Nov. 14, 2006.

28. *Speed Up Your Team: Continuously Improving Team Processes, FranklinCovey* InSights video.

29. "Trust in Governments, Corporations, and Global Institutions Continues to Decline," Global Survey of the World Economic Forum, Dec. 15, 2005. Conference Board Report, p. 5.

30. Stephen M. R. Covey, *The Speed of Trust: The One Thing That Changes Everything,* Free Press, 2006, pp. 17, 19.

31. IBM Institute Report, p. 3.

32. "Michael Schumacher—The Best Driver in the Car Racing Sport, a Legend in His Own Lifetime," *German Culture Magazine,* http://www.germanculture.com.ua/library/weekly/michael-schumacher.htm.

33. David Tremayne, "Flawed Genius Schumacher Calls Time on Brilliant Career," *The Independent,* Sep. 11, 2006.

34. Stephen M. R. Covey, "Daring to Trust Again," interview by Newton Holt, *Associations Now,* Jul. 2007.

35. Terry Macalister, "Full of Beans: Howard Schultz, Chairman of Starbucks," *The Guardian,* Oct. 16, 2004.

36. Stephen M. R. Covey, "Daring."

37. Stephen M. R. Covey, "Daring."

38. Betsy Morris, "The Accidental CEO," *Fortune,* Jun. 9, 2003, p. 45.

39. "2008 Chief Executive of the Year," ChiefExecutive.net. http://www.chiefexecutive.net/ME2/dirmod.asp?sid=&nm=&type=Publishing&mod=Publications%3A%3AArticle&mid=8F3A7027421841978F18BE895F87F791&tier=4&id=01425EF8AE72494B9D15BDDCEC6C5733.

40. Don Tennant, "Anne Mulcahy on Getting the Color

Back into Xerox," CIO, Jun. 17, 2008.
41. Stephen M. R. Covey, "The Speed of Trust Tour," speech delivered in San Francisco at the Sir Francis Drake Hotel, April 30, 2009.
42. "Wall Street's Latest Crisis of Leadership," *Business Week,* Oct. 3, 2008.
43. "Alpharetta-based Integrity Bank Fails," *The Atlanta Journal-Constitution,* Aug. 29, 2008.
44. Quy Huy, "Leadership in Crisis," INSEAD *Knowledge,* http://knowledge.insead.edu/LeadershipinCrisis081216.cfm?vid=156.
45. Patricia Aburdene, *Megatrends 2010: The Rise of Conscious Capitalism,* Hampton Roads, 2007, p. 27.
46. Rosabeth Moss Kanter, "The Value of Role Models in the Downturn," *HarvardBusiness.org Voices,* Mar. 2, 2009.
47. FranklinCovey-HarrisInteractive "Trust Quotient" Survey Results of 12,000 American Workers, available from FranklinCovey.
48. Erik Weihenmayer, "Touch the Top," podcast April 13, 2009. http://www.touchthetop.com/press/press.htm#04-13-09-2.
49. Anne M. Mulcahy, "From the Podium," MIT Leadership Center, http://sloanleadership.mit.edu/r-mulcahy.php.
50. "Crisis Helped to Reshape Xerox in Positive Ways," *Knowledge@Wharton,* Nov. 16, 2005.
51. Gianna Englert, "Anne Mulcahy," http://www.capitalistchicks.com/?q=node/237. Accessed Apr 29, 2009.
52. "Crisis," *Knowledge@Wharton.*
53. Rita McGrath, "A Better Way to Cut Costs," *Harvard-Business.org Voices,* Mar. 9, 2009.
54. IBM Institute Report, pp. 6–7.

55. James Allen, Frederick Reichheld, and Barney Hamilton, "The Three 'Ds' of Customer Experience," *Harvard Management Update,* Nov. 7, 2005.

56. Rosabeth Moss Kanter, "Simplicity: The Next Big Thing," *HarvardBusiness.org Voices,* Feb. 12, 2009.

57. C. Crum, et al., *Demand Management Best Practices,* J. Ross Publishing, 2003.

58. "Top 10 Medical Breakthroughs of 2008," *Time Magazine,* http://www.time.com/time/specials/2008/top10/article/0,30583,1855948_1863993_1864002,00.html.

59. Pete Cashmore, "Recession Is the Mother of Tech Invention," *Mashable: The Social Media Guide.* http://mashable.com/2008/10/12/recession-is-the-mother-of-tech-invention. Accessed April 20, 2009.

60. Watson Wyatt Worldwide Report, p. 19.

61. *FranklinCovey xQ Database Averages.*

62. Watson Wyatt Worldwide Report, p. 23.

63. Malcolm Gladwell, *Outliers: The Story of Success,* Little, Brown, 2008, p.183

64. "Crisis," *Knowledge@Wharton.*

65. Chuck Salter, "Solving the Real Productivity Crisis," *Fast Company,* Dec. 19, 2007.

66. "From the Podium," MIT Center.

67. "The Execution Quotient: The Measure of What Matters. A FranklinCovey White Paper." FranklinCovey Center for Advanced Research.

68. Weihenmayer, "Touch the Top."

69. Maggie Jackson, "May We Have Your Attention, Please?" *BusinessWeek,* Jun. 12, 2008.

70. Olivier Blanchard, "Nearly Nothing to Fear but Fear Itself," *The Economist,* Jan. 29, 2009.

71. Jennifer Robison, "What if the Recession Endures?"

Gallup Management Journal, April 2, 2009.
72. Olivier Blanchard, *The Economist.*
73. Gary Hershorn, "Survival Lessons from a Sinking Plane," Reuters News Service, Jan. 16, 2009.
74. Robison, *Gallup Management Journal.*
75. "Economic Anxiety Poll Results," *Elliott Masie's Learning Trends,* Oct. 1, 2008.
76. John Baldoni, "How to Talk to Your Employees About the Recession," *HarvardBusiness.org Voices,* Apr. 29, 2009.
77. Ram Charan, *Leadership in the Era of Economic Uncertainty,* McGraw-Hill, 2008.
78. *FranklinCovey xQ Database Averages.*
79. Quy Huy, "Leadership in Crisis," *INSEAD Knowledge Base.*
80. James McIntosh, "Nonsense at Work," *Fast Company,* Feb. 16, 2009.
81. Martin Seligman, *Helplessness: On Depression, Development, and Death,* San Francisco: W. H. Freeman, 1975.
82. Abstract of Judith M. Bardwick, *One Foot Out the Door,* AMACOM, 2007.
83. Stephen R. Covey, *The 7 Habits of Highly Effective People,* Simon & Schuster, 1989, p. 82.
84. Covey, *7 Habits,* p. 88
85. Dennis Cauchon, "The Little Company That Could," *USA Today,* Oct. 9, 2005.
86. Covey, *7 Habits,* p. 178.
87. Abraham H. Maslow, "A Theory of Human Motivation," *Psychological Review,* v. 50, pp. 370–396.
88. "FranklinCovey Presents Leadership Greatness Award to Mississippi Power," *SouthernCompany Media Room,* http://southerncompany.mediaroom.com/index.php?s=43&item=173. Accessed April 30, 2009.

89. S. M. Chung, "Polaroid Goes Bankrupt, Plans to Sell Existing Assets," *The Tech Online Edition,* Oct. 23, 2001.

90. "Canon Most Trusted Brand," *ePhotozine,* Mar. 6, 2009; "Canon USA Honored with #1 Ranking in Brandweek's Customer Loyalty Survey," *Business Wire,* Jun. 13, 2006 and Feb. 26, 2009.

91. Michael K. Ozanian, "Out of Focus," *Forbes,* Jan. 22, 2001.

92. Graham Hill, "Harness Your Best Customers to Drive Successful Innovation," mycustomer.com. Accessed May 11, 2009.

93. "Canon Camera Story," http://www.canon.com/camera-museum/history/canon_story/1937_1945/1937_1945.html. Accessed May 28, 2009.

फ़्रैंकलिनकवी के बारे में

मिशन स्टेटमेंट

हम हर जगह लोगों और संगठनों को महान बनने में समर्थ बनाते हैं।

फ़्रैंकलिनकवी (NYSE: FC) रणनीतिक अमल, ग्राहक निष्ठा, विश्वास, नेतृत्व और व्यक्तिगत प्रभावकारिता के क्षेत्र में संसार भर में अग्रणी परामर्शदाता और प्रशिक्षण लीडर है। ग्राहकों में फ़ॉरचून 100 की 90 प्रतिशत कंपनियाँ, फ़ॉरचून 500 की 75 प्रतिशत से अधिक कंपनियाँ और हज़ारों छोटी तथा मझोली कंपनियाँ शामिल हैं। इसके अलावा बहुत सी सरकारी संस्थाएँ और शैक्षणिक संस्थाएँ भी लाभ उठा रही हैं। फ़्रैंकलिनकवी के 46 प्रत्यक्ष और लाइसेंसी ऑफ़िस हैं, जो 147 देशों में पेशेवर सेवाएँ प्रदान कर रहे हैं। अधिक जानकारी के लिए कृपया www.franklincovey.com/tc पर जाएँ।

लेखकों के बारे में

स्टीफ़न आर. कवी अंतर्राष्ट्रीय स्तर पर सम्मानित नेतृत्व विशेषज्ञ थे। वे शिक्षक, संगठनात्मक परामर्शदाता और फ्रैंकलिनकवी कंपनी के सह-संस्थापक और वाइस चेयरमैन थे। डॉ. कवी अंतर्राष्ट्रीय बेस्टसेलर *द 7 हैबिट्स ऑफ़ हाइली इफ़ेक्टिव पीपल* के लेखक हैं, जिसे *चीफ़ एक्ज़ीक्यूटिव* मैग्ज़ीन ने विगत 100 वर्षों की सबसे प्रभावी बिज़नेस पुस्तक कहा है। इस पुस्तक की 2 करोड़ से अधिक प्रतियाँ बिक चुकी हैं और 20 साल बाद भी यह अधिकांश बेस्टसेलर सूचियों में शामिल है।

डॉ. कवी ने हार्वर्ड यूनिवर्सिटी से एम.बी.ए. और ब्रिगम यंग यूनिवर्सिटी से डॉक्टरेट किया, जहाँ वे संगठनात्मक व्यवहार के प्रोफ़ेसर थे। 40 से अधिक वर्षों तक उन्होंने करोड़ों लोगों को - जिनमें कई देशों के राष्ट्रपति और कंपनियों के प्रेसिडेंट शामिल थे - उन सिद्धांतों की कायाकल्प करने वाली शक्ति के बारे में सिखाया, जो व्यक्तिगत और संगठनात्मक प्रभावकारिता को शासित करते हैं।

बॉब विटमैन फ्रैंकलिनकवी के संचालक मंडल के चेयरमैन और सीईओ हैं।

हार्वर्ड से एमबीए करने वाले विटमैन ट्रामैल क्रो समूह के संचालक मंडल के सदस्य, सीएफ़ओ और चार प्रबंधक साझेदारों में से एक थे। बाद में, निजी इक्विटी फ़र्म हैंपस्टैड ग्रुप के सह-सीईओ और प्रेसिडेंट होने के नाते उन्होंने मेहमाननवाज़ी, रिटायरमेंट हाउसिंग, रेस्तराँ और थीम पार्क

उद्योगों की कई कंपनियों में महत्वपूर्ण शेयरहोल्डिंग हासिल की और उनके महत्त्वपूर्ण विकास में योगदान दिया। वे विंडहैम होटेल्स एंड रिज़ॉर्ट्र्स के संचालक मंडल में रह चुके हैं और फोरम ग्रुप इंक. के चेयरमैन तथा सीईओ भी रहे हैं, जो अब मैरियट इंटरनेशनल का हिस्सा है।

महान और स्थायी संगठन बनाने के फ्रैंकलिनकवी के मिशन से वे मंत्रमुग्ध हो गए और वे पहले से ही इसके संचालक मंडल में थे। जनवरी 2000 में विटमैन चेयरमैन और सीईओ के रूप में कंपनी में शामिल हो गए। तब से उन्होंने फ्रैंकलिनकवी के सैकड़ों ग्राहक संगठनों की आंतरिक कार्यविधियों में ख़ुद को सराबोर कर दिया, ताकि यह समझ सकें कि महान परिणाम देने के लिए किन-किन चीज़ों की ज़रूरत होती है।

उत्साही पर्वतारोही, रॉक और आइस क्लाइम्बर, विटमैन पथरीले पहाड़ों और आल्प्स पर पर्वतारोहण का आनंद लेते हैं। उन्होंने नौ बार हवाई आयरनमैन वर्ल्ड ट्राएथलॉन चैंपियनशिप रेस पूरी की है।

बॉब और उनकी पत्नी के दो बच्चे हैं और वे साल्ट लेक सिटी, यूटा में रहते हैं।

ब्रैक इंग्लैंड ख़ुद को "बौद्धिक संपदा आर्किटेक्ट" कहते हैं, जो फ्रैंकलिनकवी के ग्राहकों के लिए विश्व-स्तरीय प्रभावकारिता समाधान उत्पन्न करने में मदद करते हैं। दो दशकों के अपने परामर्श अनुभव में उन्होंने विश्व के कुछ सबसे बड़े कॉरपोरेशन्स की मदद की है, ताकि वे अपनी नेतृत्व व संप्रेषण प्रक्रियाओं में अधिक प्रभावकारी बन जाएँ। उन्होंने फ़ॉरचून 50 के लिए स्विट्ज़रलैंड से सऊदी अरब तक प्रोजेक्ट्स संचालित किए हैं।

फ्रैंकलिनकवी में शामिल होने से पहले डॉ. इंग्लैंड ने फ्रैंकलिन

क्वेस्ट के लिए बौद्धिक संपदा के वाइस-प्रेसिडेंट और अंतरराष्ट्रीय संचार-प्रशिक्षण कंपनी शिपली असोसिएट्स के लिए परामर्श संचालक का काम किया। संप्रेषण में पीएचडी डॉ. इंग्लैंड ने ब्रिगम यंग यूनिवर्सिटी के मैरियट स्कूल ऑफ़ मैनेजमेंट में सात वर्षों तक संगठनात्मक नेतृत्व और रणनीति सिखाई। वे अपनी पत्नी के साथ उत्तरी यूटा में पर्वत के समीप रहते हैं।